Du même auteur aux Éditions Leduc :

La Pratique des accords toltèques avec vos enfants, 2019.

Les Secrets de la loi de l'attraction, c'est malin, 2018.

Les Accords toltèques au quotidien, c'est malin, 2017.

Leduc s'engage pour une fabrication écoresponsable !
« Des livres pour mieux vivre », c'est la devise de notre maison. Et vivre mieux, c'est vivre en impactant positivement le monde qui nous entoure ! C'est pourquoi nous choisissons nos imprimeurs avec la plus grande attention pour que nos ouvrages soient imprimés sur du papier issu de forêts gérées durablement, et qu'ils parcourent le moins de kilomètres possible avant d'arriver dans vos mains ! Pour en savoir plus, rendez-vous sur notre site.

Conseil éditorial : Nathalie Ferron
Édition : Marjolaine Revel
Ajustement de texte et maquette : Cécile Dick
Design de couverture : Antartik

10, place des Cinq-Martyrs-du-Lycée-Buffon
75015 Paris – France
ISBN : 979-10-285-2294-0
ISSN : 2425-4355

C'EST MALIN

Xavier Cornette de Saint Cyr

JE TRANSMETS LA SAGESSE TOLTÈQUE À MES ENFANTS

LEDUC poche

SOMMAIRE

INTRODUCTION

« *Quand tu auras fini ton caprice, tu me le diras ?* » « *Prends donc exemple sur ta sœur...* » « *Va dans ta chambre et tu reviendras quand tu seras calmé !* » « *Arrête de pleurer, c'est ridicule.* »

Voilà quelques-unes des injonctions que l'on adresse un jour ou l'autre à son enfant... et pourtant, comment réagirions-nous si quelqu'un nous parlait comme cela ?
Nous nous rassurons par le biais de tous les « bons conseils » d'éducation que nous adressent gracieusement les amis, les parents, la famille, les éducateurs, et même parfois des inconnus : « *Si on lui fait trop de câlins, il ne sera jamais autonome* », « *S'il ne travaille pas davantage, il n'aura aucun avenir* », « *C'est de la comédie : il n'a aucune raison de se plaindre* », « *Fais attention, tu ne vois pas qu'il te manipule ?* », « *Les enfants, si tu les laisses faire, ça devient des tyrans* », etc.

Il y a ceux qui reproduisent le schéma qu'ils ont eux-mêmes connu enfants. Il y avait du pour, il y avait du contre. Parfois, c'était dur, rigide, humiliant. « *Mais je n'en suis pas mort !* », « *C'est comme ça qu'on fait un adulte !* ». Alors, le même schéma est reproduit, en oubliant que les mentalités ont évolué, que la société a changé, que le contexte n'est plus le même et qu'un enfant n'est pas un clone de ses parents. En oubliant aussi (ou en ignorant) que nous savons aujourd'hui beaucoup plus de choses sur les enfants, leur fonctionnement, leur cerveau, leurs émotions, et que donc, ce qui se faisait hier n'a plus forcément lieu d'être de nos jours.

Il y a ceux qui, au contraire, n'ont pas digéré ce qu'ils ont vécu. « *J'ai l'impression d'avoir été élevé chez les militaires* », « *Mes parents n'ont jamais rien compris à ce que c'était qu'un enfant* ». On met alors en place un système qui va à l'encontre de ce qu'on a vécu, que l'on dit bienveillant mais qui peut se révéler laxiste, basé sur une permissivité à tout va, en oubliant que l'épanouissement passe aussi par la confrontation, la prise en compte de ses propres limites et les contraintes de la vie en commun.

Il y a également ceux qui, un peu perdus, se sont rués sur les manuels d'éducation positive, les ont lus les uns après les autres, ont culpabilisé sur ce qu'ils avaient pu faire ou ne pas faire jusque-là et ont essayé d'appliquer plus ou moins bien

tous ces conseils, parfois semblables et parfois contradictoires.
Il y a encore beaucoup d'autres « types » de parents, pour le meilleur et pour le pire ! Mais, sachez-le tout de suite : il n'y a pas de parent parfait. Pas d'enfant parfait non plus. En revanche, il y a nous qui essayons de faire au mieux en fonction de notre histoire, de qui nous sommes, de ce que nous croyons être vrai, juste, faux, inadmissible, de ce que nous avons réussi ou raté – comme tout le monde, en fait. Il y a également notre enfant, son caractère, sa personnalité, ses goûts, ses humeurs, etc. Et avec « tout ça », nous essayons de faire le mieux possible.

Ce livre n'est pas – et ne veut ni ne peut être – un nouveau manuel d'éducation grâce auquel vous saurez exactement ce qu'il faut faire et ne pas faire, dans chaque circonstance, adaptable selon chacun de vos enfants (tous différents, évidemment !). En revanche, il vise à apaiser certaines inquiétudes que vous pourriez avoir en vous aidant à établir des relations harmonieuses, une communication plus souple, et à faciliter l'écoute de votre enfant. L'aider à vivre plus sereinement et l'accompagner vers son futur, en somme.
Pour cela, nous allons prendre appui sur les accords toltèques . Ce n'est pas une religion, mais

un enseignement pour découvrir comment être plus heureux. Ils sont étonnamment simples. Au nombre de quatre, ils disent ceci :

- « **Que votre parole soit impeccable** » : c'est une invitation à donner à nos mots une dimension bienveillante dans le respect de soi et de l'autre.
- « **Quoi qu'il arrive, n'en faites pas une affaire personnelle** » : c'est une invitation à ne pas prendre systématiquement contre soi ce que l'autre nous dit et à ne pas dépendre de ce qu'il dit ou pense de nous.
- « **Ne faites pas de suppositions** » : c'est une invitation à prendre conscience du fait que nous passons notre temps à supposer et que quasiment toutes ces suppositions sont fausses et négatives, alors que nous pouvons (ré)agir différemment.
- « **Faites toujours de votre mieux** » : c'est une invitation à faire ce qui est en notre pouvoir, et seulement ce qui est en notre pouvoir, pour éviter le « trop », qui épuise et décourage, et le « pas assez » qui entraîne des regrets.

Mis en application, ces quatre accords permettent :

- de mettre de la fluidité dans notre communication ;
- de ne pas subir les pensées des autres sur nous ;

- de s'accorder à la réalité sans être le jouet malheureux de notre imagination ;
- d'agir au mieux de ce que nous sommes au moment où nous agissons.

Cet « autre » dont il est question, c'est notre enfant. Et nous allons découvrir que, grâce aux accords toltèques, il suffit souvent de pas grand-chose pour que tout aille beaucoup mieux.

POURQUOI PARLONS-NOUS D'« ACCORDS » ?

Parce que nous donnons notre accord à des façons de penser issues de notre éducation, de notre vécu et de notre environnement. Beaucoup nous empêchent de nous épanouir. C'est ce que nous appelons des « croyances limitantes ».
Par exemple, si je crois que je n'ai pas de chance ou que je ne suis pas intelligent, ce sont là des croyances qui me limitent dans mon évolution, des accords que j'ai passés avec moi-même : je donne mon accord à ces réalités-là. Si je crois que mon enfant est capricieux ou maladroit, je ne l'aide pas non plus dans sa manière d'être et ses comportements : j'ai alors une perception de mon enfant qui n'est pas la réalité et qui, en outre, fait

naître en moi (et en lui) des émotions négatives. Ce sont encore des croyances limitantes.

Les accords toltèques nous apprennent à remettre de l'ordre dans tout cela. Ils sont une invitation à passer de nouveaux accords avec nous-mêmes de manière à briser nos croyances limitantes, c'est-à-dire toutes celles qui déforment négativement la réalité et nous freinent.

D'OÙ NOUS VIENNENT LES ACCORDS TOLTÈQUES ?

La révélation de ces accords s'est faite au monde occidental grâce à un livre, *Les Quatre Accords toltèques*, écrit par Don Miguel Ruiz, publié en 1997 et vendu à plus de 4 millions d'exemplaires. Son succès s'explique par le fait qu'il propose d'établir de nouvelles relations avec soi et avec les autres, et de reprogrammer notre mental pour une vie meilleure une fois que nous avons pris conscience des limites que nous nous créons.

Ces accords facilitent donc notre relation à l'autre. Quand cet « autre » est notre enfant, la qualité de cette relation est d'autant plus importante.

Nous allons donc examiner ces fameux accords et les bienfaits qu'ils peuvent avoir dans la relation que vous avez avec vos enfants et dans les relations qu'ils ont avec vous et leur entourage.

LA PARENTALITÉ POSITIVE, C'EST BIEN… MAIS QU'EST-CE QUE C'EST ?

La parentalité positive est à la mode. Ardemment défendue par les uns, durement critiquée par les autres, de quoi s'agit-il finalement ?

Enfant roi ou militarisé ?

Beaucoup craignent que la parentalité positive soit laxiste et débouche finalement sur l'enfant roi, nous contraignant à accéder à chacun de ses « caprices ».
Or, l'enfant exprime d'abord, dans son langage à lui, des besoins. Il est vrai que si nous comblons chacun d'eux sans délai, il comprendra vite qu'avec une colère, il aura aussitôt ce qu'il désire. Cela peut être sans fin et, au fur et à mesure qu'il grandira, il éprouvera de plus en plus de difficultés à se sociabiliser, ne comprenant pas que l'on puisse lui répondre « non ». Donner une telle éducation, c'est être permissif (beaucoup

de chaleur et d'affection, mais sans encadrement ni limites) ou même démissionnaire ou absent (ni chaleur, ni affection, ni encadrement). Agir ainsi, c'est passer à côté de son rôle de parent et ce n'est en rien positif.

Pour autant, nous pouvons refuser une éducation autoritaire imposant règles fixes, encadrement fort, remontrances et punitions en cas de désobéissance, et de (très) fortes exigences vis-à-vis de l'enfant. Il manquerait là chaleur, affection et attention, ce qui peut déboucher sur divers comportements :

- L'enfant « bien élevé » mais craintif qui ne saura pas prendre d'initiative et vivra dans la peur de mal faire (ce que l'on peut retrouver avec le parent surprotecteur).
- L'enfant endurci apprenant à taire ses besoins et sentiments, déconnecté de ceux-ci, qui ne saura pas, adulte, reconnaître ceux des autres (relations personnelles ou professionnelles), exigeant qu'ils soient toujours aussi forts que lui. Toute manifestation d'une émotion serait vue comme un aveu de faiblesse.
- L'enfant rebelle, courbant la tête tant qu'il n'est pas assez fort mais saisissant la première occasion pour montrer qu'il existe. Plus tard, la colère sera souvent son émotion dominante

et il considérera toute règle comme une forme de dictature l'empêchant de vivre.

Laisser faire l'enfant ne lui permet pas de se construire harmonieusement, et l'autorité « pure et dure » le blesse tout en étant inefficace.

Comprendre les besoins de l'enfant

Reste la parentalité positive, c'est-à-dire un **juste milieu, orienté vers ce qui est positif et constructif**. Ce n'est pas un « mode d'emploi » à respecter à la lettre avec des phrases magiques qui marcheraient tout le temps, mais plutôt **une autre manière de regarder et de comprendre son enfant et ses actes, de le respecter et de communiquer avec lui**.

Cette parentalité est dite positive car, plutôt que de supprimer le comportement non voulu, elle va **chercher à comprendre quel est le problème qui a engendré ce comportement**. Le problème vient bien souvent d'une émotion qui se manifeste d'une manière que nous jugeons excessive ou inappropriée (selon notre regard d'adulte). Cela peut être une peur (peur du noir, peur de ses camarades), une colère (la fameuse crise dans un magasin), un chagrin, etc. **Comprendre le**

problème, c'est identifier ce qui ne va pas pour essayer de trouver le remède qui convient.

La parentalité positive, c'est donc comprendre la motivation. C'est aussi – et c'est peut-être le plus difficile ! – **avoir une réaction appropriée.** Non pas rester zen comme s'il ne s'était rien passé, mais se mettre à la hauteur de votre enfant et lui parler un langage qu'il comprenne afin... qu'il comprenne votre réaction et que vous compreniez la sienne. Et vous ferez au mieux en fonction des émotions que vous vivrez à l'instant même où vous les vivrez et en fonction des émotions qu'il vivra au même moment.
C'est donc un **apprentissage du respect mutuel par lequel chacun a le droit d'éprouver des émotions et des besoins**, et dont le but est de chercher une harmonie.

Par ailleurs, il y a l'idée de **non-violence** au sens où Marshall Rosenberg, le fondateur de la CNV (communication non violente) l'entendait : il y a violence dès qu'il y a prise de pouvoir d'une personne sur une autre. « *Fais ce que je te dis et ne discute pas* » en est une illustration.
Comment appliquer une règle si elle est imposée et non expliquée ? Accepterions-nous de faire quelque chose que l'on nous dicterait

autoritairement mais dont nous ne saisirions pas le moindre sens ? Or, nous avons besoin de comprendre, de donner du sens, et il en est de même pour l'enfant (ce qui n'empêche pas un minimum d'autorité car, une fois que tout a été dit, il faut bien prendre une décision).

Réagir du mieux que nous pouvons

La parentalité positive, ce n'est pas rester serein et impassible en toutes circonstances, mais c'est établir et maintenir autant que faire se peut une harmonie entre, d'un côté, votre enfant et, de l'autre, vous-même et les gens qu'il côtoie.
Une parentalité ne peut aucunement être positive dans 100 % des situations. Le croire, c'est supposer qu'existe une norme éducative qui, si on ne la respecte pas, nous cataloguerait comme « **mauvais parent** ». **Prenons-la comme un guide afin d'accroître la partie positive de l'éducation que nous donnons.** Il y aura encore des conflits et ce qui importe n'est pas de tous les éviter, mais de savoir comment y réagir le mieux possible, pour vous et pour votre enfant.

Nous allons voir ce qu'apportent à ce sujet les quatre accords toltèques.

1

COMMUNIQUER, OUI, MAIS COMMENT ?

Tout passe par le dialogue. Les difficultés apparaissent quand il n'existe plus et que l'on se retrouve avec deux monologues qui ne s'écoutent pas et ne se comprennent pas.

Votre enfant fait-il vraiment une crise ou est-il en train de vous dire que quelque chose ne va pas ? Et vous, comment faites-vous pour maintenir l'harmonie dans votre famille alors que tout s'agite négativement autour de vous ? Voyons comment faire pour que votre communication soit constructive et pour que la paix règne chez vous sans que vous soyez obligé de tout bouleverser.

Chapitre 1

Que votre parole soit impeccable

Nous avons tous nos instants d'énervement, mais autant exprimer ce que nous ressentons plutôt qu'accuser ou dénigrer notre enfant et faire naître – ou envenimer – un conflit.
Le premier des accords toltèques, « Que votre parole soit impeccable », peut vous y aider. Mais de quoi s'agit-il au juste ?

QU'EST-CE QU'UNE PAROLE « IMPECCABLE » ?

Le mot « impeccable » vient du latin *impeccabilis* issu du verbe *peccare* qui signifie « commettre une faute, pécher, faire du mal », précédé de in, préfixe de négation. « Impeccable » signifie donc, en théologie, « qui ne pèche pas ». Dans le langage général, il est devenu « qui ne peut pas faillir », « qui est incapable de commettre une faute ».

Une parole impeccable est donc une parole qui est correcte et, plus encore, qui ne fait pas de mal, qui ne nuit pas et ne blesse pas. Exprimé de manière positive, c'est une parole qui est respectueuse de l'autre, qui est bienveillante. La parole est ici utilisée pour communiquer, pour établir une relation et véhiculer un message.

Exemple :

- Crier à son enfant « *Viens ici !* » n'est pas une parole impeccable.
- « *Pourrais-tu venir, s'il te plaît ?* » est une parole impeccable.

L'intention change tout

Exprimé sous cet angle, cela paraît très simple. Et pourtant, Don Miguel Ruiz déclare : « Le premier accord toltèque est le plus important et aussi le plus difficile à honorer ». Car derrière les mots que nous prononçons, il y a notre intention, nos émotions et tout le langage non verbal qui confèrent à un mot ou une phrase **une infinité de tons et de significations différents**.

QU'EST-CE QUE LE NON-VERBAL ?

C'est tout ce qu'il y a autour du verbal mais qui peut s'entendre bien davantage que les mots prononcés !

Très globalement, il désigne :

- **le message vocal** : votre intonation (gentil, coléreux, agressif, fatigué, enjoué…), le volume sonore (cris, chuchotements…), la vitesse d'élocution (lente, mesurée, impatiente, très rapide…), la coloration (affectueux, glacial, méprisant, admiratif…) ;
- **le langage corporel** : gestes (figé, mains ou bras en mouvement, doigts qui pianotent en signe d'impatience…), attitudes (mains sur les hanches ou dans les poches, dos tourné, regard lointain, corps penché vers l'interlocuteur…), expressions (sourcils froncés, sourire éclatant, regard anxieux…).

Tout cela modifie considérablement le sens des mots que vous utilisez et donc le sens de votre message. On considère que, dans la majorité des situations, les mots que nous employons sont importants à hauteur d'un tiers du message et que le non-verbal représente les deux tiers restants.

La parole impeccable tient compte à la fois des mots utilisés et de l'intention qui va avec. Cette dernière est bien souvent déterminante.

Nous avons chacun nos propres définitions

Le sens diffère également selon la définition que chacun a des mots utilisés. Discutez avec votre enfant de 7 ans du mot « bonheur » ou avec votre adolescent du mot « liberté » : vous constaterez que votre perception est différente de celle de votre enfant.

Cela signifie que, lorsque vous parlez de quelque chose qui vous est important, **prenez le temps au préalable de bien savoir exactement ce que vous voulez dire et comment vous voulez le dire, ainsi que le sens que vous y apportez**. Et, plus encore, prenez le temps d'écouter **quel est le sens que votre enfant y apporte.**

Prenons un exemple : vous n'êtes pas d'accord avec la liberté que prend votre adolescent et vous assimilez cela à de la désinvolture ou à du non-respect. Lui dire « *Tu auras ta liberté quand tu pourras l'assumer/quand je le déciderai* » risque de déclencher un conflit. En revanche, vous pourriez commencer par : « *Tu revendiques ta liberté.*

Très bien. Je voudrais d'abord te dire comment moi, je vois cette liberté. Après, tu me diras comment toi, tu la vois et ensuite, on essaiera de trouver un accord. » L'**idée est que vous sachiez d'abord de quoi chacun d'entre vous parle.** Qu'est-ce que ça veut dire pour moi ? Qu'est-ce que ça évoque pour toi ? Comment ça se manifeste pour moi ? Et pour toi ?

PRENEZ GARDE AUX ATTAQUES !

Ce qui est ici appelé « attaque », **c'est le fait de se sentir agressé**. Une simple parole peut donner cette impression. Et quand nous sommes attaqués, nous réagissons comme les animaux : ou bien nous contre-attaquons, ou bien nous nous soumettons, ou bien encore nous fuyons.

La fuite peut être physique : nous partons, nous quittons la pièce, nous mettons fin à la conversation. Elle peut être mentale : nous nous enfermons dans nos certitudes car plus notre croyance est attaquée et plus elle risque de se renforcer. Notre petite voix intérieure nous dit alors : « *Ce qu'il/elle dit, c'est n'importe quoi* » et notre non-verbal exprime un message du type « *cause toujours, tu m'intéresses* ». Selon les situations, nous n'écoutons plus ce que l'interlocuteur nous dit mais préparons une réponse musclée : la fuite devient alors un instant de répit pour reconstituer nos forces, puis nous contre-attaquons soudainement dès que nous nous sentons « prêts». Les disputes avec les adolescents répondent régulièrement à ce schéma.

Ces trois modes (contre-attaque, soumission ou fuite) concernent aussi bien votre enfant que vous-même. Si quelque chose en vous ou en lui se sent attaqué (sentiment d'irrespect, perte de contrôle, volonté d'indépendance, etc.), les émotions associées remontent vigoureusement à la surface et, en une fraction de seconde, sont oubliés les principes de la parentalité positive et ce premier accord toltèque. Assurément, la parole n'est plus impeccable !

Ce ne sont pas les mots en eux-mêmes qui nous blessent ou nous agressent, mais **l'interprétation que nous leur donnons selon le contexte, notre lien avec notre interlocuteur, notre intention, notre besoin de l'instant**, notre état physiologique, émotionnel et affectif de l'instant, etc. Gérer tout cela est possible mais parfois très délicat, car nous sommes la proie de toutes ces émotions et croyances qui s'affrontent furieusement dans notre tête. Nous prenons alors ces formulations comme des jugements négatifs à notre encontre. Autant agir en amont !

L'importance du « je »

L'une des clés est d'utiliser le « je » pour exprimer ce que vous pensez ou ressentez au lieu du « tu », qui est perçu comme une attaque.
Par exemple, « *je ne te comprends pas* » montre que vous ne saisissez pas les propos ou le comportement de votre enfant et votre manière de le prononcer peut sous-entendre une invitation à s'exprimer, à développer, expliquer et argumenter. Si vous dites à la place « tu dis n'importe quoi » ou bien « tu es incompréhensible », il est probable que votre enfant se sente attaqué et qu'il adopte l'un des trois modes décrits ci-dessus : la fuite, la soumission ou l'attaque. C'est aussi simple que cela et c'est ainsi que débutent ou s'amplifient les disputes.

NE JUGEONS PAS ?

Méfiez-vous des injonctions souvent entendues : « Il ne faut pas juger ! » Le problème n'est pas de juger. Nous portons des jugements en permanence sur tout (ce qui est écrit là est en soi un jugement). Le problème est de juger négativement, de rabaisser, de dénigrer, d'abîmer En revanche, un jugement positif (« *Que tu es*

→

belle/beau ! », « *C'est super, ce que tu fais !* », « *Tu peux être fier de toi !* ») fait un bien fou. Et si vous le complimentez régulièrement, il aura davantage confiance en lui et apprendra à valoriser, à voir le verre à moitié plein.

En prenant conscience de cela, vous pouvez modifier votre manière de vous exprimer pour user le plus souvent possible d'une parole impeccable. Le fait de reconnaître également ses torts et de reformuler de manière plus sereine et respectueuse annule dans la quasi-totalité des cas l'impact négatif de votre emportement préalable.

LE CONSEIL EN +

Quand vous avez pris conscience de ce processus, expliquez à votre enfant l'intérêt d'une nouvelle manière de faire en lui montrant :
- que l'attaque avec le « tu » a un effet négatif sur vous, sur lui, sur ses relations et sur le sujet du litige ;
- que l'expression avec le « je » a un effet positif sur vous, sur lui, sur ses relations et sur le sujet du litige.

C'est là un pas très important vers une parole impeccable !

→ Apprenez à reformuler !

Dans le tableau ci-dessous, la colonne de gauche représente une parole qui attaque et la colonne de droite une parole impeccable. Des possibilités de réponse sont données pour les trois premières. Complétez le reste !

Certains de nos jugements reformulés en paroles impeccables	
Ne dites pas :	**Dites plutôt :**
– « *Tu ne m'écoutes jamais quand je te parle.* » – « *Tu n'as rien compris à ce qui s'est passé.* » – « *C'est nul, ce que tu fais.* » – « *Tu dis absolument n'importe quoi.* » – « *C'est idiot de pleurer pour ça.* » – « *Tu n'y arriveras jamais comme ça.* » – « *Tu t'y prends n'importe comment.* » – « *Tu as tort.* » – « *Ne me parle pas sur ce ton !*» – «*On ne peut jamais discuter avec toi.* » – « *Tu n'es jamais content* ».	– « *J'aimerais que tu sois attentif à ce que je te dis.* » – « *Je crois que tu ne disposes pas de tous les éléments.* » – « *Je n'apprécie pas ta manière de faire.* »

La vision que nous avons d'une situation est nécessairement subjective et personnelle, et en aucun cas objective et universelle. Faire parler le « je » permet de dire ce que vous, vous pensez de là où vous êtes, c'est-à-dire selon votre compréhension de la situation. Le « tu » laisse entendre en revanche que c'est une condamnation sans appel qui tombe comme une « vérité vraie ». Or, le but d'une discussion est de **trouver un accord qui puisse satisfaire tout le monde.**

« TU M'AGACES, TU M'ÉNERVES ! »

Ces expressions, bien que courantes, sont finalement fausses. Elles laissent croire que l'autre (votre enfant, en l'occurrence) est responsable de votre colère. De plus, elles sont culpabilisantes. Or, ce n'est pas la faute de votre enfant si vous réagissez de cette manière-là plutôt que d'une autre. Il n'est pas le responsable de ce que vous ressentez. Quand vous ressentez une émotion négative, c'est que vous avez un besoin qui n'est pas satisfait. C'est donc ce besoin non satisfait, le vrai responsable de votre colère ; pas votre enfant. Apprenez donc à reformuler différemment. Par exemple : « *Quand tu fais ceci, je me mets en colère parce que j'ai besoin de...* ».

En vous exprimant ainsi :

- vous prenez la responsabilité de votre colère ;
- vous exposez ce dont vous avez besoin (votre enfant peut-il deviner votre besoin si vous ne l'exprimez pas ?).

Vous pouvez également discuter avec votre enfant pour trouver ensemble une autre manière de faire.

LE POUVOIR DES MOTS

Les mots que nous utilisons et la manière dont nous les utilisons ont un pouvoir : celui de créer, à terme, une réalité. Bien sûr, s'il vous arrive un jour d'être énervé et de dire à votre enfant « *tu es insupportable* » ou « *tu es maladroit* », cela n'a d'impact que sur l'instant. **Mais si vous le répétez de manière récurrente, il y a deux personnes qui finissent par croire que c'est une vérité absolue : vous et votre enfant.** Vous y croyez car, à force de le dire, vous vous persuadez d'être dans une description de la réalité et vous auriez mille exemples à donner. Sans même vous en rendre compte, vous occulteriez toutes les exceptions (et il y en a certainement beaucoup). Ou bien vous les minimiseriez de façon à garder de la cohérence avec votre croyance de base : « *Mon enfant est insupportable/maladroit* ».

Une parole qui n'est pas impeccable nous amène alors à avoir une attitude qui n'est pas impeccable non plus (sans compter les émotions négatives que cela entraîne).
Cela génère également des émotions négatives chez votre enfant, et **l'impact est d'autant plus fort que vous avez un ascendant sur lui**. Si vous lui répétez régulièrement quelque chose de négatif à propos de son comportement, il finit par douter de lui-même et tenir pour vrai ce que vous lui dites.
Une parole qui n'est pas impeccable, répétée régulièrement, détermine chez votre enfant un comportement non impeccable en harmonie avec cette parole et qui perdure.

→ Quelles croyances sont à l'œuvre dans vos paroles non impeccables ?

- Interrogez-vous sur ce qui ne « fonctionne » pas chez votre enfant, quel que soit son âge.
- Interrogez-vous sur l'origine de son attitude que vous n'appréciez pas. Y avez-vous une

responsabilité ? Lui avez-vous régulièrement répété les mêmes reproches ?

- Si oui, pourquoi l'avez-vous fait ? Cela répondait-il à une croyance chez vous ? Cette croyance est-elle toujours vraie ? Vous appartient-elle ? Que se passerait-il de différent si vous ne l'aviez pas ou si vous parveniez à l'édulcorer ?
- Quand vous avez mis tout cela au clair (seul ou avec une aide extérieure), prenez alors un temps de parole avec votre enfant. Expliquez-lui simplement que ce que vous lui avez si souvent martelé n'est pas une réalité absolue et que vous souhaitez changer de discours avec lui. N'oubliez pas non plus d'interroger et d'écouter votre enfant sur les émotions qu'il a ressenties chaque fois que vous lui avez répété votre mantra.

En procédant ainsi, vous diminuez ou enlevez le pouvoir négatif des mots que vous utilisiez pour désormais employer le pouvoir de mots positifs et créer une réalité différente. C'est aussi cela, avoir une parole impeccable.

Votre enfant travaille à devenir ce qu'il est. **Il a besoin d'être reconnu ainsi, d'exprimer sa personnalité et que celle-ci ne lui soit pas déniée.** Il n'est pas vous ni un clone de vous.

À NOTER

Si votre enfant n'est pas comme vous, il n'est pas non plus comme son frère, ou sa sœur, ou son copain. Les comparaisons sont redoutables, car elles nient une différenciation, donnent une vision négative de sa personnalité et créent des étiquettes qui s'impriment dans sa tête. La parole impeccable n'est pas celle qui compare des personnalités différentes, mais celle qui s'intéresse sincèrement à l'autre, lui fait confiance et valorise ses efforts dans son unicité.

→ Connaissez-vous la qualité de votre relation avec votre enfant ?

Voici un questionnaire qui vous permet de faire un point intéressant. Remplissez-le en songeant à votre enfant (si vous en avez plusieurs, remplissez autant de tableaux que nécessaire).

Qu'est-ce que mon enfant m'apporte de positif ?	Qu'est-ce que je ressens en moi quand il m'apporte cela ?	Et moi, qu'est-ce que je lui apporte de positif ?

Quand vous avez terminé, prenez le temps d'en parler à votre enfant. Il sera certainement très agréablement surpris de voir combien il a de l'importance pour vous.
Vous pouvez également lui demander de remplir le même tableau en ce qui vous concerne.

LE POUVOIR DE L'INTENTION

Est-ce que nous savons quelle est notre intention lorsque nous désirons un enfant et quand nous l'élevons ? Vouloir quelque chose de positif pour lui est important ; encore faut-il connaître ses besoins affectifs indispensables afin de les satisfaire au mieux.

L'apprentissage par imitation

Quand nos enfants sont petits, nous sommes leur modèle. Ce que nous disons est donc vrai. Quand ils sont plus âgés et que leur esprit critique s'affine, ils peuvent avoir une opinion différente, mais elle est encore fragile ou manque de « preuves ». S'ils nous entendent souvent dire telle ou telle chose comme une évidence, une croyance spécifique se crée ou se maintient alors dans leur esprit, et leurs comportements en découleront

pour refléter, à quelques variantes près, le nôtre.
L'enfant apprend d'abord par imitation.
Si nous avons l'habitude :

- de dire plus souvent « non » que « oui » et sans explication, il y a un risque que l'enfant prenne l'habitude d'un « non » quasi systématique ;
- d'axer nos phrases sur ce qui n'est pas possible ou sur ce qui « ne se fait pas », il y a un risque que l'enfant soit plus centré sur les interdits et difficultés que sur les possibilités créatrices ;
- de ponctuer nos phrases d'un juron quelconque, ne nous étonnons pas que l'enfant les reprenne dès que quelque chose ne lui convient pas.

Un apprentissage par imitation, c'est tout simplement la reproduction d'un comportement effectué par un autre individu. **C'est apprendre à réagir à une situation donnée et à reproduire cette réaction**. L'être humain a une propension très grande, voire innée, à imiter et c'est d'ailleurs son premier mode d'apprentissage (il suffit d'observer un nouveau-né). Cela permet à l'enfant d'acquérir un certain nombre d'informations, mais également de communiquer, et cela participe à son développement et à son adaptation à son environnement.
Ce qui est intéressant à noter, c'est que le modèle n'a pas forcément l'intention d'apprendre à

l'enfant. Si vous injuriez copieusement l'automobiliste qui vous a fait une queue-de-poisson, votre intention n'est pas, à cet instant, d'apprendre à votre enfant de s'exprimer de cette façon-là ! Mais dans l'apprentissage par l'imitation, l'apprenti – donc votre enfant – décide d'apprendre via le modèle. **D'où l'importance d'être un bon modèle !**

Certes, nous ne déterminons pas tous les comportements d'un enfant, et c'est heureux ! Mais notre manière de nous exprimer influençant son expression, **autant lui parler comme nous aimerions qu'il nous parle**. C'est pourquoi il convient de donner l'exemple.

Que désirez-vous pour votre enfant ?

Une intention, c'est une envie ou une résolution que nous prenons pour agir et atteindre un objectif que nous nous sommes fixé. C'est un peu comme l'antichambre de l'action, qui confère à cette dernière sa direction et sa raison d'être. Rappelez-vous à ce sujet l'importance du non-verbal et la manière dont vous vous exprimez (voir p. 23) ; or, **ceux-ci dépendent de votre intention**.

→ Quelles intentions avez-vous à l'égard de votre enfant ?

Ou, formulé plus simplement : que voulez-vous pour lui ? Voici un questionnaire pour que vous puissiez déterminer plus précisément ce que vous désirez (nous ne l'indiquerons plus dans la suite de l'ouvrage, mais si vous avez plusieurs enfants, refaites l'exercice pour chacun d'entre eux) :
La colonne de gauche liste une série de souhaits que vous pouvez avoir pour votre enfant. Cochez ceux qui vous importent. Si les vôtres n'y figurent pas, ajoutez-les dans les dernières lignes.
Dans la colonne de droite, donnez un ordre de priorité à chacun de vos souhaits.

Vos désirs pour votre enfant	Priorité
☐ Qu'il soit autonome.	
☐ Qu'il fasse de bonnes études.	
☐ Qu'il sache se défendre dans la vie.	
☐ Qu'il ait confiance en lui.	
☐ Qu'il ait le sens du respect.	
☐ Qu'il fonde une famille.	

☐ Qu'il vive ses rêves.	
☐ Qu'il ait un métier épanouissant.	
☐ Qu'il ait le sens de l'entraide, de l'empathie.	
☐ Qu'il ait un bon bagage culturel.	
☐ Qu'il soit débrouillard.	
☐ Qu'il vive en harmonie avec ses valeurs.	
☐ Qu'il soit capable de s'affirmer.	
☐ Qu'il cultive la bienveillance.	
☐ Qu'il..............................	
☐ Qu'il..............................	
☐ Qu'il..............................	

Vous pouvez en faire ensuite un sujet de débat avec votre enfant en adaptant votre langage à son âge. Définissez précisément en amont le sens de ce vous désirez, puis interrogez votre enfant : qu'en pense-t-il ? Que désire-t-il ? Demandez-lui d'en expliciter les raisons : cela l'invite à réfléchir et à argumenter, et c'est positif tant pour lui que pour vous.

LES BESOINS AFFECTIFS DE VOTRE ENFANT

Qu'il soit tout jeune ou adolescent, **votre enfant a des besoins affectifs**, tout comme nous. Les principaux sur lesquels vous devez faire porter votre attention sont :

- le besoin d'être aimé pour ce qu'il est ;
- le besoin d'être écouté ;
- le besoin d'attention et qu'on lui accorde du temps ;
- le besoin de se sentir accepté et apprécié ;
- le besoin d'être respecté ;
- le besoin de se sentir capable, compétent ;
- le besoin de soutien, d'encouragement et d'accompagnement.

Quand ces besoins ne sont pas satisfaits, il y a souffrance. Quand ils le sont, il y a épanouissement. Chacun de ces besoins est important. Prenez-les séparément et demandez-vous : « *Ce besoin chez mon enfant est-il comblé ?* » Quand vous avez terminé, interrogez votre enfant. Par exemple : « *Est-ce que tu te sens écouté quand tu t'exprimes ?* » ou « *Est-ce que tu te sens respecté ?* ». S'il répond oui, c'est parfait. S'il répond non, demandez-lui : « *De quoi aurais-tu besoin pour te sentir* [citez le besoin en question] *?* »

NE CONFONDEZ PAS BESOINS ET DÉSIRS !

Besoins et désirs présupposent l'absence de quelque chose et sont fréquemment confondus alors qu'ils diffèrent. « *J'ai besoin de ce nouveau smartphone* » ou « *J'ai besoin que tu m'obéisses* » sont des désirs, même si le mot « besoin » est employé. « *Je désire que tu me respectes* » est en revanche un besoin, surtout si la personne est maltraitée. Besoins et désirs n'ont en fait pas les mêmes priorités. On peut les distinguer ainsi :

Besoin : exigence naturelle et nécessaire qui vient d'un manque objectif (ou d'une privation) et qui doit être satisfait sans délai pour ne pas mettre en péril l'intégrité physique ou psychologique. Il est essentiel à notre équilibre, voire à notre survie physique, psychologique et émotionnelle.

Désir : envie, souvent éphémère et souvent façonnée par notre environnement, d'avoir quelque chose et qui, non satisfaite, génère une frustration. Le désir est utile pour notre épanouissement, mais il n'exige pas d'être comblé.

VOTRE ENFANT A BESOIN DE SENS

Vous venez de déterminer ce que vous désirez pour votre enfant. Cela va se traduire par des demandes de faire ou de ne pas faire. Toute la difficulté est de savoir non seulement s'il comprend ce que signifie votre demande, mais s'il en saisit la raison, l'utilité, la signification. **En gros, si cela a un sens pour vous, cela en a-t-il également pour lui ?**

Soit les sens sont différents et il faut en discuter pour déterminer à quel besoin ils se ramènent. Soit le sens que vous donnez lui paraît absent parce que vous ne l'avez pas expliqué ou pas suffisamment et, en ce cas, sa réponse sera négative. Pour bien le comprendre, renversons la proposition : si on vous demandait d'accomplir quelque chose dont vous estimez que c'est inutile, stupide ou insensé, vous opposeriez vraisemblablement un refus. **Nous avons besoin de sens pour agir** et ce besoin, qui rejoint souvent nos valeurs, n'est pas le même pour tout le monde. Il vous appartient donc d'**expliciter vos raisons quand vous demandez quelque chose à votre enfant.**

LE CONSEIL EN +

Quand votre enfant vous oppose un refus catégorique, c'est sans doute que l'un de ses besoins n'est pas satisfait. Mais lorsqu'il vous répond ainsi, votre propre besoin ne l'est pas non plus. Moins un besoin est satisfait et plus il se renforce, et c'est ainsi que naissent les conflits. Faites de même concernant votre demande et tâchez de trouver un compromis acceptable pour chacun.

SOYEZ CONGRUENT !

Si vous voulez amplifier vos chances d'être convaincant et respecté, soyez toujours (ou le plus souvent possible) congruent. Être congruent peut se résumer ainsi :

– vous dites ce que vous pensez ;
– vous pensez ce que vous dites ;
– vous dites ce que vous faites ;
– vous faites ce que vous dites.

Il y a ainsi harmonie entre vos pensées, vos paroles et vos actes.

« Le cœur a ses raisons que la raison ne connaît point », assurait le philosophe Pascal. Ramené à un différend avec votre enfant, cela signifie que chacun veut avoir raison mais finit par quitter le domaine du rationnel pour entrer dans celui de l'émotionnel : on ne discute plus, on n'argumente plus, on réagit (ou sur-réagit !) à ce que dit l'autre pour avoir raison jusqu'à ce que l'un des deux l'emporte. Mais, n'en déplaise à Jean de La Fontaine, la raison du plus fort n'est pas la meilleure !

La colère, quelle qu'en soit son intensité (irritation, énervement, fureur), nous informe que nos besoins et valeurs ne sont pas respectés. Si une émotion se déclenche (la vôtre, ou celle de votre enfant, ou les deux), ce n'est pas par hasard : c'est qu'il y a une tension et le rôle de l'émotion est alors d'assurer nos besoins fondamentaux à ce moment-là. Mais ce faisant, si elle trop puissante, elle étouffe dans le même temps nos capacités de raisonnement. Parfois, même, elle les supprime, d'où l'incompréhension, quand la raison revient, des actes ou des paroles non impeccables que nous avons pu accomplir ou prononcer sous l'effet d'une forte colère.

→ Comment argumenter rationnellement quand le refus de votre enfant vous met en colère ?

Si vos émotions réciproques sont d'intensité « acceptable » :

- Entamez le dialogue en le ramenant au niveau rationnel : « *J'entends que tu n'es pas d'accord avec ce que je te demande. Je vais t'en expliquer les raisons. Je souhaite que tu .... parce que .... Qu'en penses-tu ?* »
- Le cas échéant, rappelez-lui vos valeurs : « *Pour moi, ce qui est important, c'est .... Donc, si je te demande cela, c'est parce que ....* »

Si vos émotions sont trop fortes (à l'un ou à l'autre) :

Rappelez que, si la colère est trop forte, il n'y a pas de dialogue possible et que vous risquez de vous blesser l'un et l'autre. Proposez que chacun expose ses arguments à tour de rôle et que l'autre écoute réellement ce qui est exposé, sans préparer d'avance sa réponse. Le cas échéant, temporisez : « Je vois que nous ne sommes pas en état de discuter. Je te propose qu'on reprenne calmement tout à l'heure. OK ? »

LE CONSEIL EN +

Ce qui attise les conflits, ce sont les sentences qui bloquent : « *C'est comme ça, un point, c'est tout !* » Alors ne bloquez pas le dialogue ! Quand vous avez exposé un point, interrogez : « *Qu'en penses-tu ? Est-ce que ça te va ? Vois-tu autre chose ?* », etc. Cette manière d'interroger remet de la circularité dans la communication et redonne à votre enfant la possibilité de s'exprimer. Invitez-le à procéder de même avec vous.

Chapitre 2

Du monologue au dialogue

Des conflits, vous en aurez nécessairement avec votre enfant, qu'il soit tout bébé ou adolescent. Voyons comment les résoudre au mieux, en respectant les intérêts et besoins de chacun, par une transformation simple mais néanmoins essentielle : rebasculer du monologue au dialogue, et ce, par le biais des accords toltèques.

UN MOUVEMENT VERS L'AUTRE POUR SE COMPRENDRE

Face à une opposition, nous avons le choix :

- **soit d'imposer**, mais c'est alors un monologue qui enferme ;
- **soit de dialoguer**, et nous remettons ainsi de la circularité dans la parole.

Le monologue, c'est le discours d'une personne qui parle seule, c'est-à-dire qui ne laisse pas de place à son interlocuteur et ne le laisse pas intervenir en prenant une position de domination.

Le dialogue, tout au contraire, est un échange. Même en étant opposés, vous ne trouverez avec votre enfant un accord que si aucun ne cherche à assurer sa suprématie sur l'autre. Sinon, il y a risque de tomber dans ce que l'on appelle le « dialogue de sourds » : discussion sans accord parce que les divergences sont trop grandes ou les exigences démesurées, ou absence de volonté de se mettre d'accord ou de trouver une solution. Chacun veut avoir raison contre l'autre. Ce sont en fait deux monologues simultanés !

RANGE TA CHAMBRE !

Voici un cas de figure classique : vous demandez à votre enfant de faire quelque chose puis le lui redemandez encore et encore, et rien ne se passe. Une bonne illustration est le fameux « *Range ta chambre !* » qui, très généralement, n'est suivi d'aucun effet.
Mettons-nous un instant dans la tête de votre ado. Que ressentons-nous si on nous dit « *Range ta chambre* » ? Cet ordre, exprimé sous forme d'injonction impérative, ne nous plaît pas, n'est-ce

pas ? De plus, nous n'en voyons pas l'intérêt ou la nécessité : il est rare que cet ordre soit suivi d'une raison clairement exprimée et qui nous concerne. C'est pour satisfaire un besoin, celui d'un des parents, mais le besoin de l'ado, est-il pris en compte ?

De plus, il y a conflit de croyances. Pour le parent, la chambre en question est partie intégrante d'un ensemble (maison ou appartement) qui lui appartient. Dès lors, s'il se donne du mal pour tenir propre l'entrée, la cuisine, le salon, etc., il estime « normal » que la chambre de l'ado le soit aussi et comme c'est ce dernier qui y vit, c'est à lui de faire sa part de travail pour l'ensemble de la collectivité que représente la famille. D'où l'injonction parentale, parfois sur le ton de l'exaspération : « *Range ta chambre !* »

Mais pour l'enfant, et encore plus pour un adolescent, la croyance est différente. Sa chambre, c'est chez lui ; c'est son antre, son lieu de vie et, à ce titre, il lui apparaît normal qu'il en fasse ce qu'il estime être bien pour lui, pour s'y sentir « chez lui » ! C'est ce qui explique la décoration qu'il y a mise et le désordre qui y règne, et qui est parfois le reflet du désordre existant dans ses pensées, dans ses émotions, dans la place qu'il occupe ici et ailleurs. C'est donc aussi sa manière d'affirmer ce qu'il est et ce qu'il veut. Chacun

→

d'entre nous a une conception personnelle du désordre, et donc du rangement. Celle de l'ado et celle du parent ne sont pas les mêmes. Conflit de croyances !

DE L'INTÉRÊT D'ÊTRE CLAIR !

Si les croyances de votre enfant et les vôtres sont différentes, chaque ordre non expliqué concrètement prend le risque d'être incompréhensible ou de ne satisfaire personne, car le résultat pour chacun sera différent. De ce point de vue, le « *range ta chambre* » est aussi peu clair que les « *sois bon élève* », « *ne sois pas timide !* », « *tu travailles pour ton avenir* », etc. Quelles indications cela donne-t-il ?
Quand vous faites une demande, soyez clair sur ce que cela signifie et sur ce que vous attendez comme résultat. Concrètement. Par exemple, le linge sale doit être déposé à tel endroit car cela permet de minimiser votre travail dans la maison et vous soulage, les livres sont à ranger sur l'étagère et non par terre pour éviter qu'ils ne s'abîment et ne se déchirent, etc.
Renversement : si, au travail, votre chef vous dit « *Soyez performant !* », qu'allez-vous faire ? Mystère ! S'il vous dit : « *Je veux que les résultats de la semaine passent de 10 à 12* », là, c'est du concret !

COMMENT RÉSOUDRE UN CONFLIT ?

Quel que soit le sujet retenu, la problématique se présente ainsi : votre enfant a fait quelque chose que vous ne vouliez pas ou n'a pas fait ce que vous attendiez qu'il fasse. Résultat : vous êtes en colère.

- Si vous ne dites rien, le problème perdurera, risquant de détériorer la relation (sans oublier qu'une colère non exprimée peut macérer en ruminations et se « libérer » soudainement sur un sujet tout autre).
- Si vous accusez votre enfant en un monologue rageur, il peut (surtout s'il n'a pas compris le pourquoi de la colère) contre-attaquer. S'ensuivra un dialogue de sourds qui donnera au conflit une ampleur désastreuse…

Aussi, face à cette colère, vous voulez :

- **l'exprimer** sans tout faire « exploser » ;
- **qu'une solution soit trouvée**, sinon l'un de vos besoins n'est pas satisfait.

Comment faire ?

Une méthode qui donne de bons résultats est le **SEPIA** : c'est l'acronyme de **Situer, Exprimer, Proposer, Intérêts et Accepter**. Je l'ai créé en m'inspirant du DESC créé par Sharon A. et Gordon H. Bower (Asserting Yourself, 1976) et des principes de la CNV (la communication non violente de Marshall Rosenberg). C'est un très bon outil de communication pouvant être utilisé dans beaucoup de situations. Il présente une grande utilité pour **se faire entendre et chercher la meilleure solution possible** en permettant d'apprendre :

- à communiquer son désaccord et ses émotions ;
- à débloquer les situations de tension et de « non-dits » qui créent du stress et de l'anxiété ;
- à ne pas laisser dégénérer un désaccord.

Au lieu de rester focalisé sur le problème, **il est axé sur une recherche de solution(s) convenant à tout le monde**. Ce point-là est important : en restant focalisé sur le problème, l'enfant cherche à se disculper puisqu'il se sent attaqué (« *C'est pas moi, c'est lui !* », « *Je n'y peux rien, c'est à cause de...* »). De votre côté, vous êtes convaincu d'avoir raison dans votre appréciation de la situation et cela signifie donc que votre enfant a tort. Rien ne va être réglé, bien au contraire !

Cela ne veut pas dire qu'il ne faut pas écouter le pourquoi du comment, qui peut parfois être très éclairant pour vous. Mais une fois que c'est dit, il importe de ne pas s'y éterniser et de **chercher une solution, c'est-à-dire faire en sorte que quelque chose soit modifié pour que tout redevienne positif.**

Voici les 5 étapes clés du SEPIA.

Situer – *Situez le problème*

Faites une description concrète des faits comme si vous décriviez une photographie. Soyez concis, ne vous perdez pas dans les détails inutiles et surtout (c'est souvent le plus difficile), **pas de jugement négatif.**
Exemples :

- Vous avez autorisé votre adolescent à sortir, à condition qu'il rentre à 22 heures. Il se pointe à 23 h 30. La description factuelle : « *Il était convenu que tu rentrerais à 22 heures. Tu es arrivé à 23 h 30.* » Le jugement négatif : « *Non mais t'as vu l'heure ?! On ne peut jamais te faire confiance !* »
- Vous avez demandé à votre enfant de jouer seul, le temps que vous terminiez une tâche (le repas, un dossier, un appel téléphonique, etc.). Quelques instants après, il vient vous demander quelque chose. La description factuelle : « *Il était convenu que je te dirai quand j'aurais fini.*

Tu viens alors que je n'ai pas fini. » Le jugement négatif : « *Tu ne vois pas que tu me déranges ? Retourne jouer et fais-le en silence !* »

Exprimer – *Exprimez les sentiments et émotions négatifs que vous ressentez*

Si vous ne dites rien, votre enfant ne peut pas deviner ce que vous ressentez. Parlez de vous et de ce que vous ressentez, non de lui. Rappelez-vous d'utiliser le « je » et non le « tu » accusateur (voir p. 27).

Exemples :

- « *Ce retard fait que je me suis beaucoup inquiété pour toi* » (et non pas : « *Tu me rends malade avec ton retard* »).
- « *Si je réponds à ta demande, je ne peux pas me concentrer et finir ce que je fais* » (et non pas : « *Tu me déranges et tu m'empêches de me concentrer* »).

Proposer – *Proposez une solution*

S'il y a un problème, il faut une solution. **Faites donc une proposition de solution précise, réaliste et respectueuse de chacun** (ou, si vous n'en avez pas, demandez à votre enfant quelle solution il envisage).

Cela peut concerner une modification de comportement, la mise en place d'un mode de discussion ou d'actions, etc. Indiquez clairement les modifications que vous souhaitez – **dites ce que vous voulez et non ce que vous ne voulez pas**.

À NOTER

La solution que vous proposez est une suggestion, à débattre éventuellement, afin de trouver une solution commune satisfaisante pour tous. Suggérer n'est pas imposer ! Aussi, n'oubliez pas que votre objectif est : « Comment améliorer la situation ? » et non pas : « Comment lui montrer qui commande ici... » !

Intérêts – *Indiquez les conséquences positives pour chacun*

C'est là un point très important qui est, hélas, souvent oublié : **quels sont les bénéfices de cette solution pour vous ET pour votre enfant ?** L'avantage d'un bénéfice, c'est qu'il donne envie et incite donc à l'action. Si votre enfant n'en retire aucun avantage, il ne changera rien (sauf sous la contrainte ou la menace d'une sanction). Renversement : changeriez-vous quelque chose dans votre manière de vivre si cela apportait des avantages uniquement à la personne qui vous le demande et non à vous ?

Si vous mentionnez les inconvénients au cas où le problème persisterait, là aussi, **évoquez les conséquences négatives pour vous ET pour votre enfant**. Si vous ne les évoquez que pour vous, vous passez pour une victime et pouvez faire naître chez lui de la culpabilité. Si vous ne le faites que pour votre enfant, cela s'apparente alors à une menace (et le conflit peut renaître plus fort !).

Accepter – *Faites une demande de validation*

Il convient que la discussion ne reste pas lettre morte. Aussi, quand tout a été exposé, **faites un récapitulatif rapide et demandez à votre enfant : « *Es-tu d'accord pour que l'on procède ainsi ? Est-ce que cela te convient ?* »** Vous lui montrez tout simplement que ses intérêts et ses besoins sont importants pour vous, que vous êtes à son écoute. Par ailleurs, s'il vous exprime son accord, cela veut dire qu'il s'engage. S'il le fait, cela signifie que vous avez été clair durant tout le processus et que toute la discussion n'a pas cherché à faire prévaloir un point de vue unique, mais à dégager une solution satisfaisante pour tous.

Incitez ensuite à l'action, en la datant précisément : « *Puisque cela nous convient à tous les deux, nous allons faire comme ça désormais ou à partir de* .... »

**8 ERREURS FRÉQUENTES...
ET LEURS SOLUTIONS !**

- **Oublier le factuel** : « *Tu m'as encore menti !* », « *Tu es toujours en retard* », « *Regarde tes notes ! Tu ne travailles donc jamais ?* ». À partir d'un élément, vous généralisez son comportement et parfois sa personnalité. À votre avis, que peut-on ressentir quand on est ainsi accusé ?

→ Préférez ceci : « *Tu devais faire ceci. Or, je constate que tu as fait cela.* » Et c'est tout ! Pas de jugement négatif, juste du factuel, c'est-à-dire ce que n'importe qui pourrait constater.

- **Adresser des reproches à son enfant en le jugeant ou en le culpabilisant** : « *J'en ai assez, tu me rends la vie impossible !* » Se sentant agressé, ses possibilités de discuter avec vous d'une

→

solution sont réduites d'autant, voire annulées. Faites attention aux « *tu aurais dû/tu n'aurais pas dû* ».

→ Préférez ceci : « *Quand tu agis ainsi, cela m'est difficile à vivre parce que .... Du coup, je n'arrête pas de te le reprocher. Je voudrais qu'on trouve une solution pour que ce soit plus simple pour toi et pour moi.* »

- **Se laisser interrompre** : votre enfant risque de vous interrompre très vite pour se justifier (véritables excuses ou prétextes ?) et vous risquez de vous mettre à parler d'autre chose, chacun cherchant à défendre sa position.

→ Préférez ceci : « *Je te demande de me laisser finir ce que j'ai à dire pour que ce soit bien clair pour toi et pour moi. Ensuite, je te laisserai la parole sans t'interrompre. Ça te va ?* »

- **Réagir à chaud** : quand votre émotion est trop forte, vous perdez le contrôle de vos pensées et finissez par donner un ordre au lieu de suggérer une solution. D'ailleurs, vous allez complètement oublier le processus ! Si vous ne laissez pas tomber votre émotion, vous n'aurez pas le temps ni la possibilité de réfléchir à ce qui pourrait être proposé.

→ Préférez ceci : « *Ce qui vient de se passer ne me convient pas. Je te propose que l'on discute ce soir pour qu'on trouve ensemble une solution qui nous convienne à tous les deux.* »

- **Oublier de mentionner des éléments évidents pour vous mais pas du tout pour votre enfant** : vos croyances, vos valeurs et votre vision des choses ne coïncident pas nécessairement avec celles de votre enfant. Si vous ne les exprimez pas, il ne pourra pas les deviner.

→ Préférez ceci : « *Cela pose une difficulté pour moi parce que* ....*/pour notre relation parce que* ....*/pour toi parce que* .... » Le « *parce que* » vous permet d'énoncer vos raisons.

- **Ramener l'intérêt à soi** : si, pour les bénéfices de votre solution, vous ne parlez que de vous et non de votre enfant, il ne se sent absolument pas impliqué dans la solution. Pour que quelque chose change, il est essentiel qu'il y trouve un avantage ; sinon, à quoi bon faire un effort ?

→ Préférez ceci : « *En faisant comme ça, toi, tu gagneras* .... *et moi, je gagnerai* .... » Il n'y a pas un perdant et un gagnant, mais deux gagnants.

- **Ne pas discuter de la solution** : si vous n'autorisez pas votre enfant à discuter de la solution que vous proposez et/ou si vous rejetez toute solution qu'il propose, ce n'est plus une proposition, mais un ordre. Du coup, il ne se sent ni écouté ni respecté.

→

→ Préférez ceci : « *J'aimerais connaître ton avis sur ce que je te propose* », ou : « *Je n'ai pas de solution arrêtée. Toi, est-ce que tu en as une ?* », ou bien encore : « *Ta solution pose une difficulté à cause de .... Qu'est-ce qu'on peut trouver de mieux ensemble ?* ».

- **Oublier la validation**. Quitter la discussion sans la valider pose deux problèmes : 1. votre enfant est moins impliqué, car il n'a pas donné son accord formel ; 2. personne ne sait quand le changement démarre et tout ça risque de demeurer un vœu pieux.

→ Préférez ceci : « *Puisque nous sommes tous les deux d'accord comme nous venons de le dire, commençons demain. OK ?* » N'oubliez jamais de renvoyer la parole – pas de monologue, mais de l'échange !

Le gros avantage de cette « méthode », c'est qu'elle permet un véritable échange pour faire cesser quelque chose que vous ne supportez pas ou plus. **Elle instaure un vrai dialogue** et illustre ainsi parfaitement le premier accord toltèque.

Au début, vous hésiterez l'un et l'autre, tâtonnerez et, peu à peu, cela deviendra naturel. Pour vous aider, voici quatre autres conseils pratiques :

- **Sachez bien quelle est votre émotion** : soit elle est suffisamment forte pour que vous en soyez réellement affecté, soit la situation est insupportable à force d'être récurrente. Évidemment, n'utilisez pas cette technique à la moindre contrariété !
- **Agissez dans le bon timing** : en règle générale, il convient d'utiliser le SEPIA au maximum dans les 24 heures qui suivent « l'événement » quand votre émotion est retombée, que l'incident est encore frais et que vous avez réfléchi à la manière de le résoudre.
- **Abordez un problème à la fois** sinon, cela peut devenir ou être ressenti par votre enfant comme un étalage de reproches.
- **Intervenez à bon escient** : votre enfant doit être en disponibilité d'écoute. Par exemple, évitez d'entamer ce processus quand il est en train de faire ses devoirs, de jouer avec un copain ou devant la télévision. Vous pouvez utiliser une phrase d'amorce : « *J'aimerais pouvoir te parler. Tu as 5 ou 10 minutes à m'accorder ?* » Prenez ce temps pour vous deux, au calme (téléphones éteints, évidemment !).

Chapitre 3
La parole impeccable en action

La parole impeccable préconisée par le premier des accords toltèques va instiller plus de respect et de sérénité dans vos relations avec votre enfant, ainsi que dans ses relations avec les autres. Mais pour cela, il convient de prendre en compte un élément essentiel de son fonctionnement : les émotions.

L'ENFANT ET SON UNIVERS

Quel est l'âge émotionnel de mon enfant ?

Le savoir aide à relativiser certaines réactions. **Avant 5 ans, voire 6 ou 7 ans, le cerveau de l'enfant est immature et gouverné essentiellement par des émotions qu'il a des difficultés à**

maîtriser ou ne sait pas contrôler. Quand elles arrivent, elles peuvent le submerger sans qu'il ne sache y apporter une réponse appropriée. C'est pourquoi tout le travail de ses éducateurs (au premier rang desquels ses parents) consiste à soutenir l'enfant et à le faire progresser de manière que ses compétences émotionnelles et cognitives puissent se développer harmonieusement.

Cela signifie que, jusqu'à cet âge-là, l'enfant ne sait pas comment faire pour canaliser ses propres émotions. Il y a là deux conséquences. Premièrement, du fait de l'absence de « filtre », s'il doit gérer seul des émotions fortes, **son cerveau produit des molécules de stress qui lui sont toxiques et qui affectent son comportement**. Lorsque l'on croit que l'enfant fait une « crise », ou un « caprice », ou « teste » ses parents, il s'agit bien souvent d'un surcroît d'émotions qui l'envahissent soudainement et qu'il ne sait pas gérer. Soit il les intériorise car il craint, par exemple, une punition (mais cela peut lui faire du mal, car il faut bien que ses émotions aillent quelque part !) ; soit, plus souvent, il les extériorise et on parle alors de crises ou de caprices.

La seconde conséquence, c'est qu'**un discours rationnel à cet instant est inopérant**. Pour mieux le comprendre, imaginez-vous en proie à une intense colère ou une très forte inquiétude : pouvez-vous, à cet instant, être sensible à la subtilité d'un discours logiquement argumenté ? Tant que cette colère ou cette peur n'est pas apaisée, vous ne pouvez pas entendre un discours rationnel et il vous est impossible de vous concentrer ou même de vous intéresser à un dossier que quelqu'un vous demande de traiter. **C'est que votre émotion est trop puissante pour que vous puissiez en faire abstraction et faire prédominer vos capacités cognitives.** Vous pouvez alors comprendre que, lorsque votre enfant est en proie à sa tempête émotionnelle, tous vos « *Calme-toi !* », « *Ce n'est rien, voyons !* » ou autres « *Arrête ton cinéma !* » sont totalement inopérants et contre-productifs. Votre vision de son problème, c'est votre vision, pas celle de votre enfant. **Ce qui est pour vous une absurdité qu'il faut contrôler est à cet instant pour votre enfant une réalité qui le dépasse.**

Apprendre les émotions

Quand votre enfant est sujet à des émotions qui le dépassent, il se peut que vous aussi, vous soyez dépassé ! La crise de larmes parce que vous avez

dit un mot que vous jugiez anodin, les cris de colère parce que vous refusez d'acheter des bonbons ou la porte qui claque violemment parce que vous refusez une sortie à votre ado... il y a des moments où vous ne comprenez rien à ces réactions. Parfois, vous n'avez même pas envie de les comprendre ! Vous les trouvez exagérées, disproportionnées, ridicules, etc. Ou encore, vous vous inquiétez : « *Est-ce que c'est vraiment normal qu'il réagisse comme ça ?* »
Une solution qui peut aider est d'**apprendre à identifier ce qu'il se passe**.

→ Apprenez à comprendre votre enfant

Tout d'abord, quelles sont les émotions qu'il ressent ? Quand il est au calme, expliquez-lui que tout être humain vit avec 4 émotions de base auxquelles se rattache, chaque fois, un besoin à satisfaire :

- **La peur**, dirigée vers le futur, dont le besoin associé est la sécurité, le contrôle. Par exemple : j'ai peur de passer cet examen donc j'ai besoin de contrôler toutes les connaissances nécessaires, ou j'ai peur d'aller dans ce groupe d'inconnus donc j'ai besoin que tu me tiennes la main pour être rassuré.

- **La colère**, dont le besoin associé est le contrôle. La colère vient quand arrive ce que l'on ne veut pas ou que n'arrive pas ce que l'on veut. D'où ce besoin de contrôler l'événement. On peut également être en colère parce que l'autre conteste ce que nous disons : nous n'arrivons pas à le convaincre, donc nous ne parvenons pas à contrôler sa pensée.
- **La tristesse**, dont le besoin associé est le réconfort. Par exemple, je suis triste à cause de la perte de telle chose ou de telle personne et j'ai besoin que tu me prennes dans tes bras ou que tu m'écoutes simplement pour étancher ma peine.
- **La joie**, dont le besoin associé est l'accomplissement. Par exemple, j'ai réussi tel travail ou tel exploit sportif et ça me rend heureux ; j'ai accompli ce dont je rêvais.

Chacun de nous vit avec ces émotions-là. Cependant, il y a une manière de les exprimer qui est adéquate ou pas en fonction du contexte, et surtout en fonction du respect de l'autre. Par exemple, je peux être en colère et dire ce qui ne me convient pas ou bien hurler et tout casser !

Une fois que cela est exposé, jouez !

1. Demandez à votre enfant de choisir dans sa tête une émotion, puis de la mimer pour que vous puissiez la découvrir. Si vous avez plusieurs enfants, à chacun d'en mimer une et aux autres de découvrir.

2. Ayez une liste d'une dizaine de mots avec une émotion correspondante, puis demandez à votre enfant de prononcer ce mot en respectant l'émotion énoncée.

Par exemple, si vous énoncez le couple « frigidaire/tristesse », il doit prononcer le mot « frigidaire » d'un air abattu. Si vous proposez le couple « nuage/colère », il doit prononcer le mot « nuage » avec les sourcils froncés et la voix menaçante, etc.

Vous pouvez agrémenter le jeu avec diverses intensités, par exemple : « télévision/joie immense » ou « vacances/petite peur (inquiétude) ».

Inversez de temps en temps les rôles et faites vous aussi cet exercice de prononciation. Cette manière de nommer les émotions est très ludique, permet d'en explorer toute la palette, de mettre un mot sur ce qui est ressenti et de laisser s'exprimer librement tout le langage non verbal.

LA PAROLE IMPECCABLE ET MON ENFANT

Nous-mêmes et notre enfant pouvons comprendre le bénéfice d'une parole impeccable. En gros, faciliter nos rapports avec les autres en évitant de décharger une agressivité qui peut revenir par effet boomerang. Pour qu'un enfant s'adresse correctement aux autres, il y a bien sûr l'énoncé des principes d'éducation auxquels nous croyons et fondés sur nos propres valeurs. Mais cela ne peut être compréhensible qu'à deux conditions :

- **Prendre le temps d'expliquer pourquoi nous voulons telle chose et pas telle autre.** Qu'est-ce que ça engendre comme conséquences négatives si nous ne le faisons pas et quelles sont les conséquences positives si nous le faisons ? Conséquences positives pour les autres ET pour l'enfant (il faut qu'il ait un intérêt à agir – voir p. 56).
- **Prendre le temps de connaître ses besoins afin qu'il puisse y avoir harmonie entre ce qui lui est demandé et ce dont il a besoin.** Quand il répond « non » à l'une de vos demandes, c'est qu'inconsciemment (ou pas), il veut répondre « oui » à son besoin essentiel.

→ Intéressez-vous à ses goûts !

Une manière d'entamer un dialogue avec son enfant, permettant d'accorder de l'importance à ses goûts et ses préférences, consiste à l'interroger. Procédez ainsi en le lui proposant comme un jeu, comme un espace d'intimité à partager.

Qu'est-ce que tu aimes ?	**Pour quelles raisons ?**
Qu'est-ce que tu n'aimes pas ?	**Pour quelles raisons ?**

Cela a l'air très simple, mais prenez bien le temps de le faire. Vous pouvez d'ailleurs spécifier : « *Qu'est-ce que tu aimes (ou n'aimes pas) à l'école, à la maison, dans tes relations avec tes amis ?* », etc. Vous vous mettez ainsi à l'écoute de ce qui lui importe et il est essentiel pour votre enfant (comme pour vous !) de se sentir écouté et reconnu.

La colonne « Pour quelles raisons ? » l'incite à expliciter, à organiser son raisonnement, à déterminer le pourquoi de ses choix. Bien évidemment,

ne contrariez pas ce qu'il pense et n'y portez aucun jugement négatif. Fouillez plutôt avec lui la pertinence de ses goûts. Mettez ses réponses en parallèle avec son environnement : ce qu'il apprécie ou pas tient-il compte des autres ? Est-ce positif ou pas par rapport aux goûts ou besoins de ceux qui l'environnent ?

Vous pouvez également lui exposer, sur les mêmes sujets, ce que vous aimez et ce que vous n'aimez pas, en donnant les raisons qui justifient votre point de vue avec une ou plusieurs preuves à l'appui. Vous pouvez donc parfaitement avoir sur une idée, un événement, un comportement, etc., des visions différentes ou même opposées, mais d**ans le respect de chacun et toujours accompagnées d'une explication**. Si cela n'a pas d'incidence sur des valeurs fondamentales, **c'est respecter l'autre que d'accepter qu'il pense ou ressente différemment** : vous pouvez par exemple apprécier les aliments salés et votre enfant, les aliments sucrés.

En revanche, **dès lors que cela peut avoir un impact négatif, il faut expliquer les raisons pour lesquelles un comportement ne peut être admissible dans la vie sociale.** Comment expliqueriez-vous en parole impeccable qu'il ne faut pas tuer, ou voler, ou détruire le bien d'autrui, par exemple ?

→ Le jeu de la parole impeccable

Pour « entraîner » votre enfant à prendre conscience de ce qu'est une parole impeccable, donc qui n'agresse personne, profitez d'un moment avec lui pour lui demander, dans la liste ci-dessous, quelles sont les paroles impeccables. Pour celles qui ne le sont pas, comment pourrait-il les reformuler ? Cela est valable pour chacun d'entre nous et permet, au-delà de la simple compréhension intellectuelle, d'apprendre à les mettre en pratique.

« Tu n'en fais qu'à ta tête. »	*« Ça fait une heure que je t'attends. »*
« Je suis fier de ce que tu as fait. »	*« T'as vu comment tu t'es habillé ? »*
« Je ne suis pas d'accord avec toi. »	*« Arrête de faire hurler ta musique. »*
« Laisse-moi tranquille. »	*« Allez hop, au lit, et en vitesse. »*
« Est-ce que tu veux qu'on aille se promener ? »	*« Qu'est-ce que tu aimerais à la place ? »*

Ce ne sont que des exemples. Ajoutez-y certaines phrases qui reviennent souvent dans votre famille. Demandez aussi à votre enfant d'en citer. Cela l'implique et l'aide à mieux conscientiser.

DES PROMESSES IMPECCABLES

« Tu m'avais promis que... »

La promesse fait rêver. Comment lier parole impeccable et promesses puisqu'il nous arrive à tous de faire des promesses à nos enfants et... de les oublier ou de ne pas les tenir ? Même si nous avons d'excellentes raisons pour cela, **il n'en demeure pas moins que l'enfant se sent trahi.** Si sa confiance en lui n'est pas suffisamment structurée, il peut même se sentir indigne de ce qui lui a été promis. Quand cela arrive une fois et sur quelque chose qui n'est pas essentiel pour lui, ce n'est pas dramatique **si on prend le temps d'en expliquer les raisons**. Mais si ça se reproduit ou si ça touche un point auquel il accordait une importance extrême (et beaucoup de promesses sont très importantes !), **il se méfiera désormais de ce que l'on dit et aura peur de faire confiance.**

Promettre, c'est assurer que l'on prend un engagement pour le futur, lequel peut être très proche (tout à l'heure, dans 10 minutes) ou plus lointain (le week-end qui arrive ou les prochaines vacances). Mais dans tous les cas, il y a quelque chose d'enchanteur qui se dessine pour l'enfant :

son imagination se met en route et il découvre que le futur peut être quelque chose de très agréable, lui donnant envie de s'y projeter.

ADOPTONS SON POINT DE VUE

Si nous ne tenons pas notre promesse, cessons alors de l'envisager avec notre regard d'adulte et voyons ce que cela représente pour l'enfant. Au-delà de sa déception, il découvre que la parole de ses parents peut être incohérente alors qu'il a besoin de bâtir une harmonie entre ce qui est et ce qui va être. Pire, il découvre qu'elle peut ne pas être fiable et qu'il ne peut donc pas se fier même aux personnes auxquelles il accorde le plus de confiance. À quelles autres personnes est-il alors possible de se fier ? Rien de tel pour faire naître un sentiment de défiance envers chacun, accompagné d'un sentiment d'angoisse. Enfin, est-il si peu important lui-même que ses propres parents ne daignent pas faire l'effort de tenir leurs promesses ? Si on lui répond, pour cette promesse non tenue, que « ce n'est pas grave », il perçoit nécessairement que ses propres besoins n'ont aucune importance pour les autres. C'est pour cela qu'il faut considérer l'événement en question avec le regard de l'enfant.

Tout cela est valable quel que soit l'âge de votre enfant. Tenir sa promesse présente des avantages :

- **Rassurer l'enfant sur l'avenir** : celui-ci peut devenir source de joie.
- **Donner l'exemple** : respecter un engagement confère plus de poids aux paroles prononcées.
- **Montrer l'importance de ne pas s'engager à la légère** : quand on promet, cela doit être pesé, car il y a un effort à accomplir pour maintenir sa décision.
- **Développer la congruence** : accord entre ce qui est dit et ce qui est fait.
- **Asseoir son autorité** : quand une chose est dite, elle est suivie d'effets.
- **Renforcer le lien de confiance** : le parent est et demeure la personne de confiance.

Encore une autre manière de maintenir une parole impeccable !

Comment faire pour « réparer » ?

S'il vous arrive de promettre et de ne pas pouvoir tenir votre engagement, voici les attitudes qu'il est préférable d'adopter :

- **Ne culpabilisez pas à outrance.** Une promesse peut ne pas être tenue à cause d'un imprévu qui vous en a réellement empêché ou parce que vous avez oublié ; cela arrive.
- **Excusez-vous** : c'est à la fois reconnaître la déception de l'enfant et dire que l'on est peiné d'en être la cause.
- **Expliquez** : donnez une explication en décrivant la réalité sans inventer un prétexte (« *J'ai une réunion au bureau qui a duré beaucoup plus longtemps que prévu et je ne pouvais pas partir* », « *J'ai beaucoup de soucis de travail et ça m'est sorti de la tête* »).
- **Rassurez** : insistez sur le fait que, si la promesse n'a pas été tenue, c'est à cause d'une circonstance extérieure. Cela permet à l'enfant de comprendre que ce n'est pas parce qu'on ne le respecte pas, lui et/ou ses demandes.
- **Engagez-vous** : dites-lui que la prochaine promesse sera tenue – et il est indispensable qu'elle le soit, sinon le climat de confiance sera brisé. Dans certains cas (comme la promesse d'une promenade ou de l'achat d'un cadeau), il est possible de dire : « *Je n'ai pas pu pour les raisons que je t'ai expliquées, mais là, maintenant, je peux. Tu es d'accord pour qu'on y aille maintenant ?* » N'ordonnez pas ; demandez-lui s'il est d'accord : c'est une marque de respect. Votre

enfant peut lui aussi avoir des engagements : un feuilleton à la télévision, un copain avec qui jouer, etc.

C'est aussi la raison pour laquelle **il est primordial d'accueillir l'émotion de l'enfant.** Accueillir, c'est reconnaître la légitimité de ce qu'il ressent. Nous-mêmes, quand quelqu'un ne respecte pas une promesse faite, nous ressentons les mêmes émotions et ne supportons pas qu'elles soient balayées. **Il n'y a rien qui soit essentiel pour le parent et négligeable pour l'enfant.** Imaginez simplement que le cadeau que vous avez promis de faire à votre enfant corresponde, dans un autre contexte, à la promesse d'une promotion que vous aurait faite votre patron...

Une promesse non tenue	
À dire	**À ne pas dire**
« Je suis désolé de te faire de la peine. »	*« Moi aussi, je n'ai pas toujours ce que je veux. »*
« Ce cadeau était important pour toi. »	*« Tu en auras d'autres, des cadeaux. »*
« Je vois que tu es déçu. »	*« Regarde tout ce que tu as déjà. Il y a des enfants qui n'ont rien. »*
« Je te sens triste. »	*« Tu ne vas quand même pas en faire un drame. »*

« Je te demande de m'excuser pour cet oubli. »	*« J'ai tellement de choses à penser… »*
« C'était important pour toi. »	*« Ce n'était que ……… . Il y a des choses plus graves dans la vie. »*
« C'est vrai, je reconnais : j'ai oublié. J'en suis désolé pour toi. »	*« Je vais te rappeler toutes les promesses que j'ai tenues. »*
« Je te propose que nous allions acheter ce cadeau maintenant ou demain. »	*« Pour la peine, je t'en achèterai deux. »*

Les promesses à éviter

Il y a globalement trois types de promesses qui ne sont pas tenues et qui sont donc à éviter :

- **Celles données pour de mauvaises raisons** : par exemple, promettre quelque chose de formidable pour donner une bonne impression, pour faire croire à son enfant (et surtout à soi-même !) que l'on est un super-parent… Il y a risque de répondre, non pas au besoin de l'enfant, mais à son besoin propre (se rassurer, se valoriser) jusqu'au moment où on se rend compte qu'on ne peut pas le faire car cela demande un investissement que l'on ne peut honorer ou parce que cela va à l'encontre d'une ligne de conduite que l'on met en avant dans ses principes éducatifs.

- **Celles données de façon irréfléchie** : on prend un engagement à la légère sans en avoir mesuré les impacts et sans même y croire, alors que l'enfant y accorde une crédibilité absolue. Bien souvent, c'est pour faire cesser un comportement qui nous agace. Par exemple, l'enfant fait un « caprice » ou nous sollicite alors que l'on veut être seul pour travailler (ou autre chose) et on lui dit : « *Laisse-moi seul ou va faire ceci et après, on fera ensemble telle chose* ». Et puis, ce pour quoi vous vouliez être seul s'éternise, ou bien un autre événement arrive, ou encore le « problème » ayant été réglé, vous estimez que vous n'avez pas à satisfaire ce que vous avez dit dans un moment d'énervement. Mais ce que vous avez dit est ce que vous avez promis et... l'enfant attend la réalisation de la promesse.
- **Celles qui sont négatives et que l'on ne met pas à exécution** : « *Si tu continues comme ça, tu vas te ramasser une claque* », « *Si tu n'arrêtes pas tout de suite, tu seras privé de ...* ». C'est le meilleur moyen de saper son autorité et de perdre tout crédit. Voire de créer de l'incohérence si, un jour, vous donnez une sanction disproportionnée par rapport à la faute en question alors que d'habitude, vos menaces n'avaient pas de suite. Incohérence assortie éventuellement d'un sentiment d'injustice.

Les promesses non tenues sont autant de mensonges et de paroles non impeccables : elles offrent quelque chose puis le retirent, elles font miroiter un avenir puis l'annulent. Un refus est préférable à une promesse non tenue. Pour autant, et comme tout parent, cela vous est arrivé, n'est-ce pas ? De nouveau, ce qui peut faire des dégâts chez l'enfant, c'est quand ce type de comportement se produit fréquemment.

UNE REMISE EN CAUSE BÉNÉFIQUE

La vie avec son enfant n'est pas toujours un long fleuve tranquille ! Nous avons des heurts, des oppositions de comportements ou de pensées. **Le conflit arrive si le dialogue cesse pour laisser place à deux monologues s'affrontant en pure perte.**

Mais vous pouvez aussi procéder d'une autre manière.

→ Faites le point sur le positif

Proposez un temps d'échange, à un moment où tout le monde est disponible et de bonne humeur : « *J'aimerais que nous profitions du fait que nous sommes tous ensemble pour discuter de ce qui est bien et de ce qui est moins bien. Êtes-vous d'accord ?* » Il est nécessaire que chacun vous donne son accord avant de démarrer ; c'est ainsi respecter les désirs de tous plutôt que d'imposer les vôtres.
Commencez par ce qui est bien : posez les deux questions suivantes à vos enfants en leur demandant d'argumenter.

Qualités	Raisons
Quelles sont les deux choses que vous appréciez chez moi (caractère, personnalité, comportement, etc.) ?	
1. J'aime	Parce que ....
2. J'aime	Parce que ....
Quelles sont les deux choses que vous appréciez dans l'éducation que je vous donne ?	
1. J'aime	Parce que ....
2. J'aime	Parce que ....

Attention : que des points positifs ! Les critiques, c'est pour après.

Cet exercice présente deux avantages :

- Chaque enfant, même s'il râle parfois contre vous, réalise pleinement qu'il y a des choses qu'il aime et même adore chez vous et dans votre manière de l'éduquer.
- Chaque parent prend également conscience de l'impact positif qu'il a. C'est excellent pour la confiance en soi et ça permet, s'il y a plusieurs enfants, de savoir que chacun peut exprimer une préférence particulière. Votre système éducatif, s'il était uniforme, peut alors s'adapter au mieux au tempérament de chaque enfant.

Quand tout a été exprimé, **n'oubliez pas de remercier vos enfants et de leur dire combien cela vous touche et vous fait plaisir**.

Complétez alors en énonçant à chacun les deux choses que vous appréciez chez lui, en lui expliquant quelle en est la raison. C'est un pendant indispensable avec un impact fort pour améliorer votre lien avec chacun de vos enfants, accroître leur confiance en eux et leur offrir une belle sécurité.

→ Faites le point sur le négatif

Ensuite, vous allez aborder ce qui va moins bien. C'est la même chose, mais en vision négative. C'est indispensable pour mettre à plat certaines sources de conflit et chercher des moyens de les réduire ou de les supprimer.

Ce qui ne va pas	Raisons
Quelles sont les deux choses que vous n'appréciez pas chez moi (caractère, personnalité, comportement, etc.) ?	
1. Je n'aime pas	Parce que ....
2. Je n'aime pas	Parce que ....
Quelles sont les deux choses que vous n'appréciez pas dans l'éducation que je vous donne ?	
1. Je n'aime pas	Parce que ....
2. Je n'aime pas	Parce que ....

Deux réponses seulement pour chaque question, pas davantage, pour se centrer sur l'essentiel. L'exercice est plus délicat (pour votre ego !). La colonne « Parce que... » vous donne les raisons des désaccords. Surtout, n'interrompez pas, ne cherchez pas à vous justifier et ne contre-attaquez pas ! Écoutez, prenez-en note, questionnez, laissez l'expression se faire. Même si c'est pénible ou difficile à entendre, laissez dire. Sinon, vous ne saurez jamais et vous briserez l'écoute pour repartir dans une prise de pouvoir, celle qui, justement, crée des conflits. Ensuite – et ensuite seulement –, amorcez le débat.

Quelques règles essentielles pour que celui-ci soit constructif :

- **Rappelez que cette discussion doit se faire dans le respect et la bienveillance** : l'objectif n'est pas de savoir si c'est vrai ou faux, mais de trouver un moyen de faire qui soit satisfaisant pour tout le monde.
- Reformulez en quelques mots pour être certain d'avoir bien compris et que vous parlez de la même chose : « *Si je t'ai bien compris, tu n'apprécies pas que je sois .... ou que je fasse .... C'est bien cela ?* »
- **Expliquez les raisons de votre comportement pointé du doigt** :
  – soyez concis – pas de justifications qui n'en finissent plus ;
  – gardez la parole, c'est-à-dire demandez à vos enfants de vous laisser vous exprimer comme vous l'avez fait avec eux.
- **Ouvrez le débat** :
  – Rappelez encore une fois l'objectif : ce n'est pas un règlement de comptes, mais une recherche de solutions qui doivent être positives pour tous. Ce rappel est nécessaire pour une communication constructive (tant pour vos enfants que pour vous).

- Demandez à chacun de vos enfants quelles modifications il souhaiterait.
- Si le changement demandé vous convient, dites : « *D'accord, je vais faire* [exposez ce que vous allez faire]. *Est-ce que ça te va ?* » Cette question permet de sceller un engagement et refait à nouveau circuler la parole.
- Si le changement demandé ne vous convient pas, exposez-en les raisons (par exemple, une valeur qui vous est vitale et que vous ne pouvez pas bafouer ou votre peur qu'il lui arrive un accident et que vous ne pouvez pas balayer d'un revers de main) et cherchez ensemble quels compromis vous pourriez trouver.

Avec cet exercice, chacun réalise qu'il peut tout à fait exprimer une opinion contraire dès lors :

- **qu'il s'exprime avec respect** (respect dans le choix des mots et dans l'intonation, respect dans la manière d'énoncer ses idées et d'écouter celles d'une autre personne) ;
- **qu'il argumente** (cela donne du corps à ce qui est dit et, de plus, diminue la charge émotionnelle en obligeant à privilégier la raison et la cohérence) ;
- **qu'il recherche une solution** (rester braqué sur le « moi, j'ai raison » ne résout aucun

conflit et même l'amplifie et le fait perdurer ; apprendre à mettre de la souplesse facilite les relations et incite à sortir d'un schéma de pensée binaire pour trouver une réponse).

En tant que parent, il peut arriver que vous n'ayez pas de réponse satisfaisante aux demandes de votre enfant. L'essentiel est qu'il soit écouté, entendu, respecté et conserve le sentiment d'être toujours aimé malgré votre divergence. **Chacun d'entre nous réagit en fonction de la manière dont il est écouté.**

COMMENT RENDRE LA COMMUNICATION CONSTRUCTIVE ?

Une communication est constructive si :
- on a compris ce que dit l'autre ;
- l'autre a le sentiment d'avoir été entendu et compris ;
- chacun s'est enrichi de l'échange.

L'écoute est une **démarche active et volontaire**, et se décline notamment en **disponibilité de temps** (offrir une présence), en **disponibilité de cœur et/ou d'esprit** (« Ce que tu me dis

m'importe ») et en **disponibilité émotionnelle et/ou intellectuelle** (« Je suis réceptif et non distrait ou ennuyé ») – cette dernière peut s'énoncer ainsi : « *J'écoute ce que tu me dis et je ne pense pas en même temps à ma déclaration d'impôts ou à ce que je vais préparer pour le dîner.* » L'écoute implique une ouverture d'esprit pour se placer dans une optique d'échange et se manifeste par des questions qui montrent que l'on s'intéresse, que l'on cherche à comprendre.
Savoir écouter a l'air très simple, et pourtant, c'est tout un art ! Et un art délicat.

Pour apprendre à être attentif, voici un exercice qui sera profitable tant pour vous que pour votre enfant, quel que soit son âge.

→ Entraînez-vous à écouter

Partez à deux ou en famille et cherchez un endroit calme, en pleine nature. Asseyez-vous, fermez les yeux, mettez-vous en respiration lente et ample, et laissez-vous bercer par ce qui vous environne. Cherchez alors à identifier les uns après les autres tous les bruits et tous les sons que vous entendez, les plus importants, les plus proches, mais aussi les plus infimes, les plus lointains : une feuille

d'arbre qui s'agite, un oiseau tout près qui chante, un craquement quelque part, une voiture qui passe dans le lointain, etc.
Au bout de quelques minutes, proposez doucement à chacun d'ouvrir les yeux et partagez ce que vous avez relevé. Avez-vous entendu les mêmes sons ? De la même manière ? Avec la même émotion ? Avez-vous su les identifier ? Certains étaient-ils désagréables ou agréables, et pourquoi ?

Cet exercice, que vous pouvez répéter régulièrement, permet :

- de développer sa capacité d'attention et de concentration ;
- d'apprendre à faire silence sans interrompre ;
- de développer sa patience et son calme ;
- de parfaire son sens de l'écoute, même dans les détails ;
- de chercher à comprendre et à identifier ;
- d'être en écoute respectueuse de soi, de ses émotions, de ses sensations, de ce qui nous environne ;
- de partager avec d'autres ce que nous percevons et ressentons ;
- de se forger le souvenir d'un moment agréable et apaisant passé ensemble ;
- de se mettre en connexion totale avec la nature.

2

J'EN FAIS OU PAS UNE AFFAIRE PERSONNELLE ?

Faire de tout ce qui nous arrive une affaire personnelle est un excellent moyen de se rendre malheureux. Nous allons ici découvrir pourquoi nous le faisons, puis apprendre à prendre du recul et à lâcher prise en analysant si ce qui s'est dit ou ce qui s'est fait est réellement important ou anecdotique. C'est ainsi que l'on met de la légèreté dans ce que nous vivons.

Chapitre 1

Comprendre ce qui se passe

Nous avons l'habitude de prendre très à cœur les critiques des autres et de nous en rendre malheureux, comme s'ils énonçaient une vérité contre nous, et cela arrive aussi très certainement à votre enfant. Vous voulez l'aider à ne plus en faire une affaire personnelle... mais savez-vous comment faire ?

UNE AFFAIRE PERSONNELLE ?

Ne pas tout prendre pour soi

Le deuxième accord toltèque déclare : « **Quoi qu'il arrive, n'en faites pas une affaire personnelle** ». À première vue, c'est simple. Et puis, on le relit et on s'arrête sur le « Quoi qu'il arrive », et là, on se dit que c'est sans doute moins évident que ça n'en a l'air.

Mais que signifie donc « en faire une affaire personnelle » ? **C'est prendre la responsabilité de quelque chose, s'en charger personnellement.** Dire, à propos d'une tâche à effectuer, par exemple, « j'en fais mon affaire » indique que nous nous en occupons et que, réciproquement, nous déchargeons toute autre personne d'une quelconque responsabilité.

Alors, nous nous interrogeons sur cet accord : quoi qu'il arrive, je ne me charge de rien ?

En fait, il faut en donner une autre lecture : **ne nous sentons pas responsables de tout, ne croyons pas que tout ce qui arrive nous concerne et relève de notre responsabilité, ne ramenons pas tout à nous**. Quand Don Miguel Ruiz parle de cet accord, il le focalise sur ce que les autres pensent de nous. Pour peu qu'une personne nous adresse une parole qui n'est pas impeccable et comporte des mots durs, blessants, humiliants ou autres, **nous le prenons mal car nous croyons cela vrai**, nous le croyons dirigé contre nous, nous nous sentons vexés, blessés ou humiliés : nous en avons fait une affaire personnelle. Tout le problème vient de ce que nous avons apporté du crédit à ce qui nous a été dit, ce qui engendre notre mal-être ou notre souffrance. Ce que l'autre dit, c'est sa manière à lui et lui seul de voir quelque chose ou quelqu'un (nous, par exemple), de là où il se trouve, avec son vécu, ses émotions, ses pensées, ses problèmes, ses expériences, etc. **De la pure subjectivité, finalement, que nous avons interprétée comme une description objective.** Par exemple, quelqu'un vous traite d'idiot. C'est sa perception à lui, à cet instant-là. Mais ça ne vous décrit pas du tout puisque, lorsque vous rentrez chez vous, votre enfant vous saute au cou en vous disant que vous êtes formidable, extraordinaire, sublime ! Alors pourquoi s'offusquer aussi rapidement de ce qu'une personne, même inconnue et que vous ne reverrez peut-être jamais, vous a déclaré ? Cela aurait-il plus d'importance et serait-il plus vrai que ce que votre enfant, qui vous connaît quand même davantage, vous déclame ? Voilà pourquoi, si vous désirez demeurer heureux et tranquille, « quoi qu'il arrive, n'en faites pas une affaire personnelle » !

Quelle est la vérité ?

Deux raisons principales expliquent le fait qu'une parole qui n'est pas impeccable puisse nous toucher négativement : nos **émotions** et notre **confiance en nous**, toutes interagissant les unes avec les autres.

Il est donc question, de façon très pragmatique, de déterminer ce qui est vrai ou pas lorsque vous entendez une parole négative afin de diminuer vos émotions et d'augmenter votre confiance en vous.
La situation est la suivante : une personne vous adresse une parole négative (ou que vous considérez comme négative). Décortiquons la situation de manière à ce que, la prochaine fois, votre réaction soit plus sereine et que, peu à peu, vous n'en fassiez plus une affaire personnelle.

→ Démêlez le faux du vrai

Voici une liste de questions. Prenez le temps d'y répondre calmement.

1. Quand vous avez entendu cette parole, qu'avez-vous ressenti comme émotion ?
2. Sur une échelle de 0 (très faible) à 5 (très forte), où situez-vous cette émotion ?
3. Savez-vous pour quelle(s) raison(s) vous avez eu cette émotion ?
4. Comment vous êtes-vous senti avec cette émotion ? Et comment vous sentez-vous à présent ?
5. La personne qui vous a adressé cette parole, la connaissez-vous ? Si oui, que pensez-vous d'elle en général ?

6. Que connaît-elle de vous (sur le plan professionnel, personnel, familial, amical, spirituel, etc.) ?
7. Sait-elle ce que vous pensez, ce que vous faites, ce que vous aimez ou n'aimez pas ?
8. Pensez-vous qu'elle sait qui vous êtes ?

Si, d'un côté, vous avez ressenti une émotion désagréable et qui subsiste encore et si, d'un autre côté, cette personne ne connaît finalement pas grand-chose d'essentiel de vous, voire rien du tout, pensez-vous que cette réaction de cause à effet événement/émotion soit logique ? Que votre enfant, ou votre conjoint(e), ou un ami proche vous dise une parole désobligeante, il est humain d'en être affecté, car ces personnes-là vous connaissent et un lien affectif vous unit. **Mais si cela vient d'une personne qui ne connaît rien ou presque de vous, votre réaction n'a guère de sens, non ?**

En effet, cela suppose de votre part :
- que vous pensez qu'elle vous connaît mieux que vous-même puisqu'en quelques mots, elle a décrit qui vous êtes et que cela vous a affecté ;
- que vous considérez son jugement comme vrai et objectif, alors qu'il n'est que subjectif et faux.

L'objectif de ce deuxième accord est de vous faire comprendre qu'une telle supposition n'a en réalité aucun sens. **C'est un jugement parmi des millions d'autres qui n'appartient qu'à celui qui le profère. Vous n'avez pas à en endosser la responsabilité ni à en faire une affaire personnelle.** Le mieux que vous ayez à faire, c'est : rien ! Ne réagissez pas, puisque c'est son affaire et pas la vôtre. En fait, on peut même dire que ça n'a pas plus d'importance que s'il vous dit « *j'ai sommeil* ».

LE POIDS DES MOTS

Un même mot peut avoir beaucoup de significations. Il y a celles que vous en donne le dictionnaire et il y a toutes les vôtres, qui sont fonction :
- de ce que ce mot évoque pour vous ;
- de la portée que vous lui donnez ;
- de votre état (physique, psychique, émotionnel) quand vous l'entendez ;
- de la personne qui vous le dit ;
- de la manière dont elle vous le dit ;
- du contexte dans lequel elle vous le dit.

Un mot déclenche presque automatiquement plusieurs images par association. Et tout cela mis ensemble détermine un sens particulier avec plein de nuances. Sens très certainement différent en d'autres occasions ou pour d'autres personnes. **Vous accordez donc une valeur de vérité à un mot dont le sens peut être fluctuant.** Pourquoi telle valeur et pas telle autre ? Pourquoi y accorder une valeur quelconque ? Pourquoi en faire une affaire personnelle ?

Un tel raisonnement ne se fait pas avec une logique construite. Il n'est que le résultat d'une projection sur les autres de sa propre réalité. Si nous ramenons cela à une parole que vous jugez négative et blessante que quelqu'un vous profère, nous constatons deux points :

- De votre point de vue : ce n'est négatif **qu'en fonction du sens que vous avez vous-même attribué aux mots prononcés.**
- Du point de vue de cette personne : sa description d'une réalité n'est **que la projection de sa réalité.**

En refusant de vous réduire à un seul mot négatif que vous a adressé quelqu'un, vous refusez d'admettre comme vraie une fausse réalité, vous enlevez à ce mot le pouvoir que vous auriez pu lui conférer et, du coup, vous n'en faites pas une affaire personnelle.

DÉVELOPPER SA RÉSILIENCE

Vous pouvez considérer qu'énoncé ainsi, c'est très vrai en théorie et très bénéfique, mais dans certaines situations, vous ne voyez pas comment vous pourriez rester impassible.

Illustrons cela par un exemple : au cours d'une discussion, une personne vous dit quelque chose que vous considérez comme une agression insultante. Sur l'instant, votre émotion réagit (ou sur-réagit) et vous ne vous voyez absolument pas entendre cela en conservant le sourire impassible d'un moine zen. C'est normal. En revanche, et c'est là l'un des intérêts du deuxième accord, connaissant désormais tout ce qui vient d'être énoncé, **vous allez pouvoir contrôler cette émotion, c'est-à-dire ne pas la laisser vous dominer entièrement**. Vous allez pouvoir la laisser fondre plus rapidement et retrouver vos esprits ; cette charge émotionnelle que vous pouviez conserver en vous pendant plusieurs heures ou plusieurs jours ne va désormais vous accaparer que sur un temps infiniment plus court et, dans certains cas, quelques minutes seulement. **Ce faisant, vous avez repris votre pouvoir sur vous et développé votre résilience.**

Ce concept, étendu à bien d'autres domaines, s'applique pleinement au cas présent :

- vous recevez le choc (la parole non impeccable) ;
- vous l'encaissez (l'émotion qui vous touche) ;
- puis vous revenez à votre « forme initiale » (vous évacuez plus rapidement cette émotion pour retrouver votre état avant l'énoncé de cette parole).

Autrement dit, au lieu de vous affliger de ressentir une émotion désagréable, réjouissez-vous de savoir l'évacuer rapidement. **Vous cessez ainsi, pour votre plus grand bien, d'être scotché à quelque chose de désagréable et qui est passé ; c'est ce qui permet d'avancer.**

ET MON ENFANT, DANS TOUT ÇA ?

Il est nécessaire que vous saisissiez le tsunami émotionnel qui peut se produire en vous quand un individu quelconque vous insulte afin que vous compreniez ce qui se passe chez votre enfant quand il a fait son affaire personnelle d'une remarque à son encontre dans la cour de récréation.

Cela vous permet de saisir ce que votre enfant

→

ressent et vit si un copain de l'école lui a balancé un « *t'es gros, t'es moche* ». Au lieu de voir cela à un niveau d'adulte et de dire que ce n'est vraiment pas grave, croyant consoler (« *Mais non, tu n'es pas gros* »), il est alors possible de réaliser que, du point de vue de l'enfant, ces quelques mots peuvent avoir une très forte résonance négative. Comprendre pourquoi vous faites une affaire personnelle de ce qui vous fait souffrir et savoir comment procéder pour s'en débarrasser vous permet également de réaliser :

– que ce n'est pas toujours facile, car les émotions sont là malgré tout et c'est un apprentissage que de savoir les canaliser ;
– qu'il faut s'entraîner pour remplacer peu à peu une habitude négative par une autre positive et que cela ne se fait pas en claquant des doigts mais en progressant pas à pas, à votre rythme ;
– et que plus vous serez à même de le faire, plus vous serez un modèle inspirant et rassurant pour votre enfant. C'est pour cela qu'avant de parler de lui, il fallait d'abord parler de vous afin que vous puissiez le lui expliquer, mais en sachant bien ce qui se passe en lui.

Chapitre 2

Chacun voit le monde à sa manière

Nous avons tous une manière personnelle d'envisager le monde, les situations, les autres. C'est vrai autant pour vous que pour votre enfant. Tout l'art est de faire cohabiter paisiblement ces visions différentes et même parfois... opposées !

UN ACCORD QUI DÉRANGE

L'accord de « ne pas en faire une affaire personnelle » se heurte régulièrement à ce que nous ressentons. Revenons sur la différence de points de vue pour apprendre à **mettre peu à peu de la distance entre ce que nous entendons et notre manière de réagir**.

Prenons un exemple : vous avez un enfant en bas âge avec lequel tout se passe bien, sauf quelques « crises » que vous ne comprenez pas encore. Caprice ? Besoin que vous n'arrivez pas à identifier ? Vous parlez de ce souci avec votre parent (père ou mère) qui, d'une autre génération et dans un autre contexte, vous a élevé « à la dure », sans prise en considération de vos envies.

Maintenant que le décor est planté, vous énoncez votre croyance, quelque chose comme : « *Au lieu de réprimander mon enfant, je dois d'abord le comprendre.* » Ce à quoi votre parent, ne comprenant pas cette croyance, répond que c'est une ineptie, que ce n'est pas aider votre enfant que de le laisser faire des « crises », qu'il va vous mener par le bout du nez... Vous osez contester et votre parent s'énerve. Vous vous agacez aussi face à ce refus de vouloir comprendre votre point de vue.

La problématique étant posée, voyons ce qui se passe. Votre parent, à cet instant et malgré sa manière peut-être agressive de vous parler, n'est pas en train de diriger une attaque contre vous et contre ce que vous êtes. Son attaque, il la mène contre votre croyance, et ce n'est pas du tout la même chose. Votre croyance le gêne : elle contredit les siennes, ne lui est pas compréhensible, lui semble négative, voire dangereuse tant pour votre bien-être que pour le futur de votre enfant et son développement harmonieux. Et en outre, elle remet en cause l'éducation que vous avez reçue. **Ce que vous êtes en train de vivre n'est pas un conflit de personnes, mais un**

conflit de croyances. Les paroles impeccables s'oublient et le conflit pointe son nez.

À quoi vous invite alors ce deuxième accord ? Il a pour objectif de vous faire réaliser que **vous seul pouvez décider que cette attaque est dirigée contre vous ou pas, d'être affecté ou pas, de rentrer dans la bagarre de croyances opposées ou pas, et ce pouvoir de décision est important.** En effet, si vous entrez dans cette bagarre, l'échange courtois et confiant se transforme en deux monologues musclés et belliqueux, assortis de deux volontés de sortir victorieux de l'affrontement.

L'issue est facile à prévoir : l'un des deux quitte le combat sur un ultime « *Tu ne comprends rien, on ne peut jamais discuter avec toi* ». Des émotions de colère et/ou de tristesse arrivent en renfort. À la question initiale non résolue s'est ajouté un second problème.

C'est pour éviter cette scène courante que le deuxième accord invite à ne pas en faire une affaire personnelle. Dans cet exemple, ce que vous dites déstabilise votre parent, car s'oppose à ce qu'il estime juste et vrai. Cela déclenche sa peur et, afin de retrouver sa sécurité, il cherche donc à contrôler votre manière de penser en éliminant votre point de vue pour imposer le sien.

De votre côté, vous avez suivi le même schéma de fonctionnement.
Mais en réalité, **la peur et la croyance de chacun n'engagent que lui-même et pas l'autre**. Allons plus loin : il ne s'agit pas d'obliger l'autre à calmer notre propre peur. À l'inverse, « ne pas en faire une affaire personnelle » permet :

- **de laisser son ego à la place qui lui revient** sans le laisser camper sur le devant de la scène ;
- de **lâcher prise en réalisant que la discussion porte sur des idées opposées et n'est pas une attaque contre soi** (se sentir visé et attaqué, c'est se sentir concerné et c'est ainsi que l'affaire devient personnelle) ;
- **de prendre du recul en réalisant que ces idées opposées ainsi exprimées ne dégageront aucune solution** et que la recherche d'une solution nécessite de laisser de côté ses émotions pour réfléchir différemment.

À QUI SONT CES IDÉES ?

Admettons-le : ne pas être affecté, ce n'est pas facile ! Mais possible. Commençons par le plus difficile, qui consiste à modifier un peu votre « logiciel de pensées » en faisant vôtres deux principes.

Chacun a le droit d'avoir une idée

Cela signifie que toute personne a le droit d'avoir les idées qu'elle veut, même celles contraires à nos croyances ou valeurs, même celles qui nous déplaisent fortement et que nous jugeons (très) négativement. Toute la difficulté est d'admettre cela, car certains mots (ou expressions) font monter en vous et à toute vitesse des émotions fortes (et c'est à ce moment-là que vous en faites une affaire personnelle). Et pourtant, une personne a le droit de dire cela. Inversement, l'autre se doit également d'accepter le fait que vous ayez des propos opposés. Car vous aussi, vous en avez le droit.
Le droit que chacun n'a pas, c'est d'énoncer ses idées de façon brutale, agressive, dans le but de choquer, de déstabiliser ou de nuire.

Personne ne se réduit à une idée

Cela signifie que vous-même, comme toute autre personne, êtes infiniment plus que les idées que vous énoncez. Et cependant, nous avons l'habitude de cataloguer une personne à partir d'une seule de ses idées.

Nous jugeons vite et faisons rapidement de beaucoup de choses une affaire personnelle. C'est comme un réflexe, surtout parce que ça touche nos convictions. Cela demande du calme, du recul et un bon équilibre avec soi-même pour se dire qu'une personne est beaucoup plus que l'idée qu'elle vient d'émettre. En général, nous le faisons avec les gens que nous connaissons et aimons.

Si votre enfant vous déclare une chose avec laquelle vous n'êtes absolument pas d'accord, **c'est l'idée que vous allez combattre, pas votre enfant !** Dans le cas d'un propos qui ne vous concerne pas directement, vous pouvez donc avoir un échange d'idées qui peut être constructif.

→ Faites-en un dialogue plutôt qu'une affaire personnelle

Si, en revanche, c'est un propos qui vous concerne (par exemple, votre façon de vous habiller ou de vous exprimer), au lieu d'en faire une affaire personnelle et de partir dans une grande colère ou tristesse, entamez plutôt le dialogue à base de questionnements :

- Pourquoi dis-tu cela ?
- Sur quels critères te bases-tu ?

- En quoi ton idée est-elle meilleure que la mienne ?
- Comment te sentirais-tu si on te disait ce que tu viens de me dire ?
- En quoi cela est-il important pour toi de me le dire ?
- Etc.

Quand vous avez compris ces deux principes et que vous avez essayé de les mettre en application, **vous pouvez alors les exposer à votre enfant pour qu'il apprenne lui aussi à prendre du recul sur ce qui l'affecte, et demandez-lui ce qu'il en pense.**

QUELQUES CONSEILS...

- Prenez du temps et demeurez dans l'écoute et le respect de ce qu'il dit, dans la bienveillance.
- Ne contrez pas ses objections ; cherchez plutôt à les comprendre : elles signifient qu'un besoin important chez lui n'est pas satisfait. Et n'oubliez pas que si ça n'a pas été évident pour vous, ça ne l'est pas davantage pour votre enfant !
- Montrez-lui tous les bénéfices qu'il peut retirer de l'application de ces deux principes. Demandez-lui d'ailleurs quels bénéfices il entrevoit lui-même.

→

- Dites-lui également que même s'il fait des efforts pour les appliquer, il est normal que, parfois, il n'y arrive pas, que ça ne remet pas la totalité (lui et/ou les principes) en cause et que le mieux sera peut-être, s'il le souhaite, que vous en reparliez alors.
- Comprenez surtout que plus votre enfant est jeune et plus saisir ces deux principes lui est difficile, d'où la nécessité d'être patient, d'adapter son vocabulaire, de trouver des exemples simples et à sa portée, dans son univers.

LÂCHER PRISE POUR NE PAS EN FAIRE UNE AFFAIRE PERSONNELLE

Apprendre à lâcher prise est un excellent moyen pour ne plus faire de tout une affaire personnelle ! Mais qu'est-ce donc que le lâcher-prise ?

L'une de nos tendances naturelles est de **vouloir contrôler notre environnement, car cela nous rassure**. Nous avons alors – ou nous supposons avoir – la maîtrise de ce qui est et notre sécurité est établie.

Lâcher prise, c'est accepter que quelque chose puisse être différent de ce à quoi nous nous attendions, accepter que ce qui arrive soit comme cela doit arriver. Oui, plus facile à dire qu'à faire, c'est vrai.

Revenons de nouveau à votre enfant, qui vous expose une idée contraire à la vôtre. Vous avez plusieurs choix : accepter le dialogue, ignorer cette idée, la dénigrer et la rejeter, etc. Dans ce dernier cas, vous auriez finalement voulu contrôler ce qu'il pense et ce qu'il dit, et si votre contrôle était bien établi, il n'aurait pas eu cette idée et ne l'aurait pas exprimée. Cela n'empêche que, dans le même temps, vous souhaitez qu'il s'épanouisse, s'affirme et prenne confiance en lui. Eh oui, nous sommes nombreux à osciller entre nos différentes contradictions ! Par ailleurs, votre enfant souhaite aussi que vous soyez d'accord avec lui.

Lâcher prise, et cela nous ramène aux principes énoncés ci-avant, c'est **reconnaître qu'il peut avoir cette idée, non pour l'approuver nécessairement, mais pour accepter qu'elle existe tout comme la vôtre existe**. Si vous l'invitez à la même démarche, vous pouvez confronter vos idées. Ainsi naît le dialogue.

C'est pourquoi, le lâcher-prise, c'est l'acceptation successive de quatre éléments :

1. **Ce qui est** (une situation, un événement), même si ça nous contrarie.
2. **Notre impossibilité de tout contrôler** et de tout soumettre à nos désirs.
3. Le fait **de ne pas se projeter immédiatement dans une conséquence négative** de ce non-contrôle.
4. Et, corrélativement, le **fait d'avoir confiance en ce qui est.**

Est-ce important ou pas ?

Pour lâcher prise, il y a deux questions à se poser : **est-ce important et est-ce que je peux y faire ou non quelque chose ?**
Se demander si c'est important ou pas est une question... importante ! Pour mieux la comprendre, voici un exemple :
Votre enfant s'est disputé avec un camarade. Il rentre chez vous (très) mécontent ou triste. Demandez-lui sur quoi portait l'objet de la dispute. Était-ce important ? Si oui, au regard de quoi ? Pour quelles raisons ? Est-ce juste une question d'ego (ne pas perdre la face, ou le contrôle, ou une position dans une « hiérarchie »,

etc.) ? Est-ce anecdotique ou est-ce que ça peut remettre en cause quelque chose de déterminant ? Sur une échelle de 0 (pas grave du tout) à 5 (gravissime et essentielle), où situe-t-il son altercation ? **L'idée est qu'il puisse répondre lui-même à cette question : «** ***Est-ce important pour moi ou pas ?*** **»**

À retenir, pour tous et à tout âge : on respecte l'essentiel et on lâche prise sur l'accessoire.

Dans quelles situations lâcher prise ?

Lâcher prise est parfois difficile. Il existe plusieurs cas de figure. Abordons les trois principaux en prenant comme sujet les « mauvaises fréquentations » de votre enfant :

1. **C'est contraire à vos croyances** : si vous êtes en mesure d'estimer que l'essentiel est respecté et que ses « mauvaises fréquentations » sont de l'accessoire, acceptez qu'il fasse son expérimentation. Par exemple, le groupe qu'il fréquente a un style vestimentaire qui ne vous plaît pas. (Nous y sommes également passés !)
2. **C'est contraire à vos valeurs** : c'est beaucoup plus délicat, car cela touche ce que vous estimez être essentiel et à la base de l'éducation

que vous lui donnez. Cela va bien au-delà du simple accoutrement : ça touche un « savoir-être » d'où découlent des comportements. Le fait qu'en groupe, il se moque ou humilie un autre enfant en est une illustration. Une discussion de fond s'impose (sur le mode SEPIA, par exemple – voir p. 51), en occultant le « Tu as de mauvaises fréquentations » qui est un jugement non partagé par votre enfant. Établissez des limites claires et expliquez-lui bien et en toute transparence vos questionnements, vos raisons d'éprouver de l'inquiétude ou de la réprobation.

3. **C'est contraire à une norme impérative** (un règlement, une loi, etc.) : le lâcher-prise n'est plus de mise, car quelque chose d'essentiel peut être atteint négativement. Si les fréquentations de votre enfant organisent divers larcins et infractions, l'autorité des parents se doit d'être rappelée et exercée de manière rigoureuse pour assurer la sécurité de l'enfant et protéger la responsabilité des parents. C'est d'ailleurs ce que prévoit la loi avec l'article 1242 du Code civil : « Le père et la mère, en tant qu'ils exercent l'autorité parentale, sont solidairement responsables du dommage causé par leurs enfants mineurs habitant avec eux. » Essayez là aussi le processus du

SEPIA (voir p. 51) en insistant pour connaître les motivations réelles de l'enfant et, après lui avoir énoncé les intérêts de votre solution, exposez les dangers et risques pour lui, pour vous et pour une éventuelle victime qu'il y aura s'il continue ses agissements. En cas d'échec, la consultation d'un spécialiste devient nécessaire.

Que pouvez-vous faire ?

La deuxième question à se poser est : **est-ce que je peux y faire ou non quelque chose ?** Ai-je une marge de manœuvre ? Si oui, alors que faire si c'est important ? Si ça ne dépend pas de vous, si vous ne pouvez rien faire et que ce n'est pas important, alors autant lâcher prise !

Là aussi, voici des exemples pour mieux saisir :

- Votre enfant préfère jouer à un jeu vidéo plutôt que de réviser ses cours. Ce qui ne dépend pas de vous, c'est ce qu'il fait quand il est seul. Ce qui dépend de vous, c'est de lui montrer l'intérêt pour lui de travailler maintenant. Il dépend aussi de vous de lui donner un ordre direct sans discussion, mais il ne dépend pas de vous que cet ordre soit suivi d'effets !

- Vous avez prévu une balade avec votre enfant et, au moment de partir, la pluie dégringole. Vous pestez mais que pouvez-vous faire contre la pluie ? Rien : ça ne dépend pas de vous. Que pouvez-vous faire qui dépende de vous ? Des milliers de choses ! Aller quand même savourer cette balade sous la pluie, la différer, inventer un jeu d'intérieur, etc.

Demeurons responsables de ce qui dépend de nous, mais ne nous surchargeons pas de difficultés qui ne sont pas les nôtres, que nous ne pouvons pas changer et qui ne nous apportent pas le moindre bénéfice.

UNE RÉPONSE HARMONIEUSE

Comprendre et accepter que chacun ait sa propre idée est une chose ; **la façon de l'exprimer en est une autre**. Il s'agit de dialoguer, non de refermer tout espace d'échange. Aussi, face à une idée qui n'est pas la vôtre ou un jugement qui vous concerne et que vous trouvez négatif, ne vous contentez pas d'un : « C'est ton idée et tu as le droit de l'exprimer, mais ce n'est pas la mienne ». Si vous stoppez là et qu'en face de vous, c'est à votre enfant que vous vous adressez, il va rester sur sa faim et penser, par exemple :

– « Il/elle n'a rien compris à ce que j'ai dit. »
– « Ce que je dis ne l'intéresse pas. »
– « Ce que je dis n'a aucun intérêt... »
– « J'ai tort de penser comme ça. »
– « Je n'aurais pas dû le dire... »
– Etc.

Résultat : vous êtes tous les deux en incompréhension l'un de l'autre. Vous avez cru bien réagir, mais vous avez pris le risque de creuser un fossé. Réfléchissez à ce point : **nous ne sommes pas toujours d'accord ; c'est la preuve que chacun a sa personnalité et ose l'exprimer, et c'est également une marque de confiance**. Si votre enfant n'avait pas confiance en vous, il ne ferait que dire exactement ce que vous dites pour préserver sa sécurité, mais ne parviendrait pas à se construire harmonieusement, ou bien il ne dirait rien et s'enfermerait dans un mutisme qui vous empêcherait de savoir ce qu'il pense.

Tout renvoyer en disant « *c'est ton point de vue, c'est ton opinion, c'est ton problème, etc.* » et en rester là, c'est s'enfermer soi-même dans ses propres convictions et laisser l'autre en plan avec son idée, son opinion, son problème... L'échange n'existe pas. Une phrase aussi lapidaire n'est pas de l'écoute ; elle en a juste l'apparence. **L'écoute, c'est pour ouvrir la discussion, pas pour la clore.**

→ Ne pas en faire une affaire personnelle tout en maintenant l'échange

Voici donc quelques clés :

- **Si vous ne disposez pas de temps ou si le moment n'est pas propice :**
  - Ajoutez : « *J'aimerais que nous en parlions ce soir au dîner.* » Ne dites pas : « *On en reparlera plus tard* » car, bien souvent, le « plus tard » indéfini et très vague n'intervient jamais. Soyez donc précis sur le moment où vous aurez cette discussion.
  - Ajoutez également : « *Cela nous permettra de confronter nos idées et de mieux se comprendre.* » L'idée, c'est de ne pas laisser votre enfant dans le doute ou l'inquiétude.
- **Si c'est le bon moment pour discuter, alors lancez-vous !**
  - Centrez-vous d'abord sur votre enfant et reprenez les questions vues au point « Personne ne se réduit à une idée » (voir p. 105).

– Quand tout a été exprimé, reformulez. Non seulement vous manifestez ainsi votre intérêt pour l'idée exprimée par votre enfant et pour lui-même mais, de plus, vous êtes certain d'avoir réellement compris. Et renvoyez la discussion avec la question : « *C'est bien cela ?* » Si ce n'est pas le cas, demandez-lui de préciser en ajoutant : « *J'ai besoin de bien comprendre ce que tu dis pour que nous puissions en parler.* » Ces mots sont importants pour bien établir un rapport de confiance.
– Puis, exposez votre opinion : « *Je ne partage pas cette idée parce que ....* » et expliquez vos raisons. Si vous considérez que le point de divergence est important, cherchez ensemble une solution satisfaisante pour tous (là encore, le SEPIA peut servir – voir p. 51). S'il n'entraîne pas de modifications majeures (par exemple dans vos relations, ou dans l'équilibre familial, ou pour son avenir), concluez sur votre satisfaction d'avoir pu tous les deux exposer vos points de vue différents, dans le respect l'un de l'autre.

En agissant ainsi :
- vous satisfaites les besoins affectifs de votre enfant (être aimé pour ce qu'il est, être écouté, etc.) ;
- vous respectez le premier accord toltèque (les paroles ont été impeccables) ;
- vous respectez le deuxième accord toltèque (vous n'en avez pas fait une affaire personnelle).

Vous saurez que vous ne prenez plus les choses personnellement quand, au lieu de réagir négativement, **vous entamerez ce dialogue pour en faire émerger du positif pour vous et pour votre enfant** et, à terme, pour l'ensemble des membres de votre entourage. À quelque chose d'initialement agressif, vous avez su y substituer une écoute, une ouverture, un dialogue pour finir sur une note apaisée et constructive.

3

JE SUPPOSE QUE...

Nous passons notre temps à nous raconter des histoires sur tout, notre ou nos enfant(s) et nous-mêmes, et presque toujours de manière négative. Laissons donc de côté nos suppositions permanentes et apprenons à nous alléger.

Chapitre 1

Envahi par des pensées parasites

Nous créons nous-mêmes la plupart de nos peurs... dont la majorité n'a aucune réalité ! Nous supposons tout le temps et, bien évidemment, cela concerne aussi nos enfants.
Paradoxalement, nous le faisons parce que nous avons besoin de nous rassurer...

NE TE RACONTE PAS DES HISTOIRES !

Qu'est-ce que nous nous racontons ?

Nous nous racontons tout le temps des histoires. Le mot « histoire » est à prendre ici dans le sens de : **récit imaginaire, créé par nous-mêmes et que nous prenons pour la réalité**.
Nous le faisons en permanence et à propos de tout : de ce que les autres disent ou ne disent pas (« *Il aurait quand même pu me dire bonjour ! Quel*

malpoli... » – la réalité : il ne vous a pas vu), de ce qu'ils font ou ne font pas (« *Encore en retard ! Il n'a aucun respect pour moi* » – la réalité : ça fait 10 minutes qu'il tourne dans le quartier pour trouver une place où se garer), des événements, de l'actualité, du passé, du futur...
En fait, nous passons 95 % de notre temps à nous raconter des histoires ! Nous croyons (et souvent en sommes intimement persuadés) décrire une réalité objective alors que **nous sommes constamment en train d'interpréter et de réinterpréter ce qui se passe, ce qui s'est passé, ou d'imaginer ce qui aurait pu se passer.** Nous nous le répétons suffisamment pour peu à peu éliminer tout doute et finissons par croire fermement ce que nous avons construit dans notre tête.

C'est là qu'intervient le troisième accord toltèque : « **Ne faites pas de suppositions** ».

Qu'est-ce qu'une supposition ?

C'est une hypothèse que nous formulons et isolons parmi beaucoup d'autres possibles et **que nous considérons comme tout à fait probable et même certaine.**

Nous nous appuyons sur cette valeur sûre pour bâtir une argumentation, pour déduire quelque chose et pour formuler d'autres... suppositions. Nous enrichissons ainsi notre bibliothèque de croyances et nous en servons de nouveau pour interpréter quelque chose. Notre imagination est très fertile et nous lui donnons une place de choix en substituant ce que nous créons dans notre tête à ce qui se passe réellement dans la vie. La réalité est celle-ci : nous nous racontons des histoires sur tout et tout le temps sans même nous en rendre compte !

POURQUOI SUPPOSONS-NOUS ?

Si ce que nous supposons ne nous sert à rien ou même nous dessert, alors pourquoi s'encombrer d'autant d'histoires, la plupart du temps à connotation négative ? Pourquoi empoisonnons-nous notre vie alors que nous cherchons tous le bonheur ?

Examinons deux raisons majeures qui font que nous laissons notre imagination partir au galop : **nos filtres** et notre **besoin de sécurité**.

Une histoire de filtres

Nous appréhendons ce qui se passe (ou pourrait se passer) avec des filtres. Chacun a les siens propres. En effet, **le regard que nous portons sur le monde et sur nous-mêmes est influencé par nos croyances, qui sont tous nos préjugés, jugements et vérités érigés en certitudes.** Elles sont comme un voile entre une réalité que nous expérimentons et la perception que nous en avons.

Nous pouvons diviser ces filtres en trois catégories :

- **Les filtres sensoriels** : notre perception de l'extérieur dépend de la perception par les sens et de l'analyse du cerveau. Nous pouvons avoir une attention sélective à ce que nous entendons, voyons, sentons, etc.
- **Les filtres culturels et sociaux** : nous apprécions la réalité selon les critères du groupe et de l'environnement auquel nous appartenons (famille, région, pays, club, etc.) et nous en adoptons les diverses croyances comme des évidences.
- **Et surtout les filtres personnels** : chaque personne a sa propre conceptualisation du réel en fonction de toutes ses expériences (éducation,

influence familiale, culture, religion, événements de vie...) qui ont forgé des convictions spécifiques sur un certain nombre de situations.

Tous ces filtres nous font voir une réalité sous un certain angle de manière qu'elle corresponde à notre système de pensées et nous incite à confirmer ce que nous pensons : nous négligeons ou ne voyons pas certaines choses pour en privilégier d'autres. Nos comportements et nos émotions se mettent au diapason et ce que nous pensions être vrai... devient vrai. Nos croyances créent donc notre réalité – attention : **non pas LA réalité, mais la nôtre, celle que nous pensons vraie !** En déterminant ainsi notre perception, ces filtres ont un impact sur tous les aspects de notre vie.

Dans la majeure partie des situations, le véritable enjeu n'est pas de savoir **si c'est réellement vrai ou faux, mais si ce que vous croyez vous aide dans la vie ou ne vous aide pas.** Quand vous avez une croyance sur vous du genre « J'ai toujours de la chance », cela vous aide considérablement, plus que si vous croyez que vous n'avez jamais de chance. Privilégiez donc celles qui vous aident ! Sur vous, sur le monde, sur les autres, et notamment sur votre enfant. En effet, celles qui n'aident pas sont à la base des suppositions qui nous empoisonnent et polluent notre entourage. Le troisième accord nous demande donc de **prendre conscience de notre vision négative des choses et de modifier la croyance responsable pour ne plus être empoisonné.**

→ Comment voyez-vous la vie ?

Voici quelques exemples de croyances limitantes que nous pouvons avoir et les croyances positives qui leur correspondent :

Des croyances qui ne vous aident pas…	… et des croyances qui vous aident
À mon âge, on ne change pas.	Je peux changer si je le décide.
La vie est un combat difficile.	La vie est une expérience unique.
Je n'arrive jamais à rien.	J'ai réussi plein de choses.
Dans un couple, il y en a toujours un qui se fait avoir.	Dans un couple, chacun est co-créateur.
Les enfants sont capricieux.	Les enfants ont des besoins qu'il faut comprendre.

L'adolescence, c'est vraiment un âge débile.	L'adolescence, c'est une période où tout doit se structurer.
Mon enfant est insupportable.	Mon enfant est joueur et très vif.
Mon enfant passe son temps à rêvasser.	Mon enfant a beaucoup d'imagination.
Mon enfant est très collant.	Mon enfant est très affectueux.

Listez vos propres croyances positives ou aidantes, et appuyez-vous dessus. Puis, listez celles qui sont négatives ou limitantes et cherchez des exceptions qui les infirment. Que pourriez-vous modifier un tout petit peu pour qu'elles ne soient plus négatives ?

→ Et votre enfant, comment voit-il la vie ?

Pour connaître ses croyances positives, demandez-lui ce qu'il aime et pourquoi. En répondant au « pourquoi », il vous livrera spontanément les croyances qui gouvernent ses préférences. Par exemple : « *J'aime beaucoup Tatie parce qu'elle m'écoute toujours quand je parle.* » Sa croyance positive peut être que l'écoute est une chose importante. Sa croyance opposée est peut-être

que ne pas écouter quelqu'un est un manque de considération.
Interrogez avec douceur. Certains enfants ont des difficultés à donner une raison. Faites-lui des propositions : « *Tu aimes bien .... parce que tu ....* ? » et ses réponses révéleront ses croyances. Notez ses croyances positives. Vous pourrez les lui rappeler quand il sera dans une période de doute.

De la sécurité avant tout !

L'autre raison pour laquelle nous faisons des suppositions est que **nous avons besoin de nous rassurer.** Cela peut paraître étrange lorsque ces suppositions sont anxiogènes et négatives, mais il se trouve que l'être humain n'aime pas se retrouver face à quelque chose qu'il ne connaît pas et ne comprend pas. Se poser une question et se retrouver avec une absence de réponse trouble son besoin de rationalité en l'empêchant d'établir une équation cause/conséquence. Il essaie donc de trouver une explication à tout événement et à toute situation. En agissant ainsi, nous nous donnons une sécurité : la raison invoquée supprime notre peur du vide car **nous préférons,**

sans toujours en avoir conscience, une fausse réponse (même négative) à une absence de réponse.

Du coup, **lorsque nous ne comprenons pas l'attitude ou les paroles d'une personne, la « meilleure » réponse que nous trouvons consiste à lui prêter des intentions diverses, et nous supposons aussitôt.** Nous faisons de même par rapport à une situation, un événement ou un groupe de personnes. Et si nous supposons quelque chose non seulement de négatif mais, de plus, dirigé contre nous, alors nous en faisons une affaire personnelle. La puissance et la fertilité de notre imagination aboutissent à un auto-empoisonnement : nous nous sommes offert du négatif en nous sentant agressés, blessés, brimés, offensés, inquiétés, etc., et nos émotions négatives s'activent.

Nos suppositions sont donc bien une invention personnelle issue de notre expérience de vie, de nos filtres et de notre besoin de rationalité et de classification. Nous avons une très grande faculté à nous convaincre qu'elles sont l'exact reflet de la vérité. Il apparaît ainsi que le troisième accord se révèle bien difficile, lui aussi, à mettre en œuvre !

LES BESOINS DE NOTRE ENFANT ET NOS SUPPOSITIONS

Quand nous ne comprenons pas le comportement de notre enfant et que ce comportement se répète, nous lui collons facilement une étiquette : « *Il est ceci* » ou « *Tu es cela* ». **Bref, nous supposons que notre enfant correspond à la « définition » que nous lui avons donnée et si nous la répétons, il peut finir par être convaincu de n'être que cela.** Le problème de ces suppositions, c'est qu'elles peuvent donc devenir « vraies » puisque tout a été fait pour que la fiction devienne réalité.

- **C'est ainsi que l'on construit un cercle vicieux** : est donnée pour preuve la supposition d'où l'on est parti. Qualifier son enfant de mollasson, de maladroit ou de peureux, ou lui reprocher de ne pas savoir se prendre en charge, de ne pas avoir confiance en lui ou d'être trop timide, tout cela répond au même processus.
- **Mais il existe également son opposé, le cercle vertueux.** Le processus est identique, mais les effets en sont positifs ou bénéfiques : tout dépend de ce qui est pensé, dit et accompli à la base. Sans doute aurait-il fallu ajouter l'adjectif « négative » à la fin de l'énoncé du troisième accord...

Si ces suppositions se fondent sur les comportements de l'enfant, il n'en demeure pas moins qu'**un certain nombre de ces comportements dépendent de la manière dont nous satisfaisons ou pas ses besoins essentiels**. Sans prétendre à l'exhaustivité, le tableau suivant reprend quelques-uns des besoins d'un enfant et montre les changements de comportement qui peuvent s'opérer selon que ces besoins sont satisfaits ou pas.

Quelques comportements possibles quand le besoin est satisfait	Besoins	Quelques comportements possibles quand le besoin est en manque
Enfant : est calme, confiant, tranquille, cherche à découvrir, à apprendre, est ouvert aux autres. **Attitude des parents** : font en sorte que l'enfant se sente aimé, respecté et compris.	Sécurité affective	**Enfant** : est anxieux, stressé, craintif, inquiet, méfiant, cherche des moyens de se protéger. **Attitude des parents** : manifestent une distance physique et/ou psychique. Leur attitude fait que l'enfant se sent rejeté non considéré, traité avec indifférence ou dureté.

Enfant : agit en confiance, de manière autonome, se sent en mesure de se débrouiller seul, a des centres d'intérêt personnels, expérimente. **Attitude des parents** : donnent à l'enfant l'espace et le temps nécessaires pour apprendre à faire les choses et acquérir de nouvelles compétences ou aptitudes	Autonomie	**Enfant** : dépendant, suiviste, soumis, peureux du monde extérieur, n'a pas confiance en ses capacités et a des difficultés à se débrouiller seul, ou bien rebelle, contestataire, désobéissant. **Attitude des parents** : surprotègent l'enfant en projetant leurs propres peurs sur lui. Beaucoup de « recommandations » avec des « *Attention à...* », « *Ne fais pas...* ».
Enfant : est actif, consciencieux, enthousiaste. **Attitude des parents** : encouragent, donnent envie de faire, font aller de l'avant, positivent les actes.	Motivation	**Enfant** : ne fait pas ou avec mollesse, est indolent, négligeant. **Attitude des parents** : présentent (ou imposent) des actions à faire comme destinées à éviter des difficultés, ou ne les expliquent pas, ou ne tiennent pas compte des envies, désirs et besoins de l'enfant.

Enfant : est réfléchi, raisonneur, logique, accepte les règles, les suit, fait ce qui est à faire, apprécie une certaine routine (heure des repas, du lever et du coucher…) qui permet de s'organiser. **Attitude des parents** : fournissent des repères clairs, stables et cohérents (ce qui est interdit ou non souhaitable, intérêt des règles, sens de ce qui doit être fait ou évité).	Compré-hension	**Enfant** : irréfléchi, irrationnel, ne voit pas l'intérêt des règles, n'en comprend pas le sens. Peut devenir anxieux (est-ce bien ou pas, faut-il faire ou pas…). **Attitude des parents** : changent les « règles » qui paraissent décousues, contradictoires, irrationnelles ou en imposent de trop autoritaires, trop rigides, non contextualisées et sans explication de leur pourquoi.

Nous constatons ainsi que ce que nous faisons induit un certain comportement chez notre enfant, lequel renforce ce que nous faisons et ainsi de suite. **Il y a donc un enchaînement de suppositions, mais elles peuvent être négatives (cercle vicieux) ou positives (cercle vertueux).** Chacun (parent et enfant) a son rôle à jouer dans cet enchaînement.

Chapitre 2

S'alléger en « désupposant »

Il existe des moyens pour diminuer nos suppositions. En les utilisant, nous redevenons maîtres de nos pensées et cessons d'être la proie des émotions qui nous traversent.

COMMENT CESSER DE FAIRE DES SUPPOSITIONS ?

Entre notre besoin d'explication et notre besoin de sécurité, il est normal que nous cherchions une réponse, même fausse, dès lors qu'elle comble le vide et semble globalement cohérente avec ce que nous pensons en général. Mais ça ne veut pas dire que ce soit judicieux ni même profitable.

Nos suppositions présentent en effet une singularité. Elles doivent nous rassurer en satisfaisant notre besoin de sécurité et, pour cela, **en essayant de contrôler la situation grâce à une**

explication « rationnelle et logique » à ce que nous ne comprenons pas. Or, la plupart d'entre elles sont négatives et nous renvoient :

- soit à de la colère (« *Il a fait ça parce que* [énoncé de la supposition]. *C'est inadmissible !* ») ;
- soit à de la peur (« *À cause de* [énoncé de la supposition], *on va au-devant de problèmes !* »).

Ainsi, nous nous rassurons... en nous créant des difficultés !

Pour éviter cela, procédons à des **questionnements qui aident à sortir des suppositions malheureuses en obtenant une réponse**. Mais comment questionner ? Voyons quelques types de questions qui peuvent vous aider :

Type de question	Rôle	Exemples
Question fermée	Pour obtenir des informations précises, donne peu d'informations et amène à répondre « oui » ou « non », avec éventuellement une argu-mentation.	« *Tu as faim ?* », « *Tu viens te promener ?* », « *Les vacances, elles commencent jeudi ?* »...

Question ouverte	Invite au dialogue, favorise l'échange, incite à la réflexion et donne toute liberté car ne contient jamais sa propre réponse et laisse toute possibilité d'exprimer son opinion ou son ressenti. Commence par : que, quoi, pourquoi, comment, quand.	*« Que penses-tu de ce pantalon ? », « Quand veux-tu te promener ? », « Pourquoi tu n'aimes pas . . ? », « Comment tu te sens ? »...*
Question alternative ou à choix multiples	Demande de faire un choix mais oriente la réponse. Possibilité de choisir plusieurs options de réponse dans une liste donnée.	*« Tu préfères qu'on y aille maintenant ou après déjeuner ? », « Tu veux te promener ou faire la sieste ? », « Il y a du pain des croissants et des brioches. Tu préfères quoi ? »...*
Question suggestive	Influence la réponse attendue (voire l'inclut dans la question), en laissant suggérer l'intérêt de ce qui est proposé.	*« Qu'est-ce que tu penses d'un excellent gâteau au chocolat ? », « Tu ne crois pas que ce serait super de se promener maintenant ? »...*

Question relais	Approfondit et relance une explication. Montre de l'empathie en suivant le dialogue sans donner l'impression de poser des questions.	« *C'est-à-dire ?* », « *Par exemple ?* », « *Par rapport à qui ? À quoi* ? », « *Dans quel cas ?* », « *Vraiment ?* »… La question peut se faire en reprenant un mot. Exemple : « *Il est trop méchant.* » Question : « *Que veux-tu dire par méchant ?* » ou, tout simplement : « *Méchant ?* »
Question de projection	Permet de se projeter dans une situation future, de stimuler l'imagination. Commence souvent par « si » pour présenter la situation future.	« *Si, aujourd'hui, on déménageait, tu aimerais habiter où ?* », « *Si tu voulais passer des vacances merveilleuses, tu ferais quoi/ce serait comment ?* », « *Si tu avais complètement confiance en toi, ça changerait quoi pour toi ?* »…

Posez des questions, à vous-même et aux autres. **Cela lève des incertitudes et évite des quiproquos.** Une question, c'est une manière de connaître, d'explorer une situation, d'obtenir des informations, d'éclaircir une difficulté, d'approfondir certains points, de se préparer à agir ou d'inciter un autre à agir.

Cependant, même en questionnant, vous ne réglerez pas toutes vos suppositions et beaucoup d'entre elles continueront leur vie. Mais sur les principales qui vous posent difficulté, il est tout à fait possible d'en prendre conscience et de rectifier le tir.

Pour désupposer de manière effective, voyons les trois catégories de suppositions que nous faisons constamment.

LES DÉSUPPOSITIONS SUR VOUS-MÊME

Cherchez votre croyance négative : si vous supposez contre vous, c'est qu'une croyance négative en est à l'origine. Ne cherchez pas d'où elle vient ; prenez-en acte.

1. **Soyez attentif à ce que vous ressentez** : vous avez du mal à prendre une décision, vous cherchez un alibi pour ne pas faire car vous ne vous

sentez pas bien, vous ressentez comme une espèce de peur diffuse en vous. Il s'agit d'actes courants, mais ils vous coûtent en énergie car une croyance en vous est en train de vous susurrer que votre décision aura de mauvaises conséquences ou que vous n'avez pas assez de force pour aller au combat, etc.

2. **Dénichez la croyance limitante associée.** Pas évident si elle est logée dans votre inconscient ! Alors prêtez toute votre attention à ce que vous exprimez à cet instant au sujet de vous-même : « *Je ne sais pas faire* », « *Je ne sais pas m'affirmer* », « *Je suis trop ......* », « *Je ne suis pas assez ......* ». Ou bien recherchez ce qu'on vous a déclaré autrefois comme vérités incontestables : « *Ça ne se fait pas* », « *Ce n'est pas correct* », « *Ce n'est pas possible de ......* ».
C'est ce genre de croyances qui bloque, freine, empêche d'accomplir quelque chose, met mal à l'aise, etc.

3. **Soumettez maintenant cette croyance à un examen attentif.** Si la faire disparaître vous semble trop difficile, contentez-vous de l'effriter, d'enlever tout ce qui gratte. C'est souvent suffisant pour ce qu'on veut faire. Mais si vous

pouvez la liquider purement et simplement, ne vous en privez pas !

→ Ma croyance limitante à l'interrogatoire

- Quelles sont les exceptions à cette croyance ? Quelles sont les situations où elle s'est révélée fausse ou bien celles où vous l'avez bravée (ou négligée) et en avez retiré du positif ? Cherchez trois ou quatre exceptions qui vous montreront que, si elle est vraie dans certaines situations, elle est totalement fausse dans d'autres.
- Dans le cas présent, quelles seraient les conséquences négatives si vous cédiez à cette croyance ? Et quelles seraient les conséquences positives si vous passiez outre ?
- Quelles sont les possibilités réelles que ces conséquences négatives se réalisent ?
- Comment vous sentiriez-vous si vous accomplissiez ce que vous avez envie de faire ? Fierté ? Plaisir ? Satisfaction ? Joie ?

LES DÉSUPPOSITIONS SUR LES AUTRES

Sur une personne inconnue

Une personne que vous ne connaissez pas (et ne reverrez peut-être jamais) a eu un comportement que vous ne comprenez pas, mais sans impact sur vous. À quoi bon supposer quoi que ce soit ? Quel en est l'intérêt ? Sachant que vous ignorez tout de cette personne, tout ce que vous pouvez supposer sur elle est finalement du temps de perdu. Renversez la situation : si des inconnus viennent à tour de rôle commenter et « expliquer » un comportement que vous avez eu dans un lieu public, qui vous paraît normal à vous mais pas à eux, vous allez très certainement vous exclamer : « Mais ils sont fous ! N'importe quoi ! » Ils n'auraient fait que projeter sur vous leurs propres filtres et leurs croyances diverses. Vous verriez alors l'immense décalage entre votre propre motivation et leurs interprétations.

Aussi, ne faites pas de suppositions ! **Votre énergie est une denrée précieuse ; conservez-la pour des choses importantes et pour les gens que vous aimez.**

(Bien évidemment, si l'acte de cette personne met en danger votre intégrité ou celle d'un tiers, ou que vous l'interprétez comme pouvant être dangereux, agissez ! Mieux vaut, dans ce type de situation, une fausse supposition que laisser survenir un risque quelconque.)

Sur une personne connue

S'il s'agit à présent d'une personne de votre entourage dont le comportement vous paraît incompréhensible, au **lieu de supposer, demandez-lui simplement** : « *Je ne comprends pas ce que tu as fait. Est-ce que tu peux me l'expliquer ?* »
Si, malgré tout, votre question est mal reçue, ne supposez pas une fois de plus en songeant que l'autre est stupide ou susceptible et... ne le lui dites pas !
Commencez par : « *Je crois que je me suis mal fait comprendre.* » C'est ramener au « je » pour éviter que l'autre ne se sente encore agressé (ce qui arriverait si vous lui disiez : « *Tu ne comprends rien à ce que j'ai dit* » ou « *Ça n'a rien à voir* »).
Continuez ensuite par : « *Quand tu as fait ceci (ou pas cela), je n'ai pas compris car je croyais que .... J'aimerais juste comprendre et c'est pour ça que je te demande de m'expliquer.* »

Je suis responsable de ce que je dis, pas de ce que tu comprends

Cette phrase est à manier avec précaution et ne doit pas servir d'excuse quand l'autre réagit mal à nos paroles non impeccables !

Il est vrai que nous ne sommes pas à la place de l'autre, ni dans sa tête, et que nous n'avons pas à faire une affaire personnelle de ce qu'il suppose. Cependant, soyons attentifs aux mots que nous utilisons et à notre façon de les dire. Parfois, pour trouver le ton juste, il suffit de se demander : « *Aimerais-je que l'on me parle comme ça ?* » Ensuite, expliquez calmement et avec bienveillance le sens de ce que vous avez dit de manière à lever ses suppositions.

Dans le même temps, ne faites pas non plus une affaire personnelle de sa réponse : si elle vous blesse, dites-vous plutôt qu'il ne vous a pas compris au lieu de supposer qu'il vous en veut. Quand nous dialoguons avec quelqu'un, c'est pour échanger, non pour s'écharper.

→ Comprendre pourquoi mon enfant ne comprend pas… plutôt que de supposer

Il arrive que votre enfant ne vous comprenne pas. « *Je te l'ai pourtant expliqué mille fois* ! » Eh bien non, il n'a pas compris ! Chassez vos suppositions : il n'est pas stupide et ne cherche pas nécessairement à vous faire enrager. Vous êtes peut-être à l'origine de son incompréhension. Quelques situations :

- **Vous ne lui parlez pas sur le bon canal.** S'il n'a pas compris une fois, répéter plusieurs fois la même chose ne la rend pas plus compréhensible. Mettez en œuvre votre créativité et parlez différemment. Par exemple, pour comprendre une leçon de grammaire, proposez-la de manière ludique, mettez votre enfant en scène ou racontez une histoire, usez de ses mots à lui. Vous perdrez peut-être en académisme, mais le but est qu'il comprenne. S'il est plus auditif que visuel, utilisez des mots au lieu de montrer un schéma – et réciproquement.
- **Il est en proie à une émotion.** Si vous vous énervez, l'émotion augmente et il comprend encore moins. Mettez-vous à sa portée, rassurez-le et questionnez-le pour comprendre ce qu'il ne comprend pas.

- **Vous parlez de manière trop abstraite.** Par exemple, s'il a 2 ou 3 ans, ce n'est pas du tout évident pour lui de comprendre des adverbes de temps comme « après », « avant », « demain », etc., ou d'espace comme « plus loin », « à côté », « dessous »...
- **Vous parlez de manière trop complexe.** Même s'il a l'âge de raison (voir p. 42), quatre ou cinq consignes dans une seule phrase peuvent faire trop. Simplifiez votre demande et utilisez un vocabulaire qu'il comprend. Par exemple, au lieu de « *Mets ton manteau dans la penderie* », dites plutôt « *Accroche ton manteau avec ceux de Papa et de Maman* », ou encore « *Mets tes jouets dans le tiroir du bas* » plutôt que « *Range tes jouets dans la commode* ».
- **Vous parlez trop rapidement**, ce qui peut rendre vos propos incompréhensibles. Ralentissez, énoncez les idées les unes après les autres, expliquez-en les raisons de manière concise.
- **Vous êtes imprécis.** « *Je te demande de faire ça rapidement.* » C'est dans combien de temps, « rapidement » ? C'est avant de partir à l'école ? Après le dîner ? Pour aujourd'hui ? Demain ?
- **Il croit avoir compris.** Plutôt que de demander : « *C'est d'accord, tu as compris ?* », demandez-lui : « *Qu'est-ce que tu as compris ?* » ou bien « *Et maintenant, qu'est-ce que tu dois faire ?* ».

LES DÉSUPPOSITIONS SUR LES FAITS

Bien souvent, nous prenons une information telle quelle, comme une vérité et sans rien vérifier du tout. Il ne s'agit pas d'être sceptique en permanence et de tout vérifier ; **il s'agit d'écouter l'émotion que vous ressentez quand vous prenez connaissance de cette information** : colère, tristesse ou peur ? Et à quel degré d'intensité ? Si l'émotion est forte, ne vous laissez pas gouverner par elle et renseignez-vous sur la fiabilité et sur la vérité de l'information en question. (Beaucoup de fake news sont anxiogènes.)

N'oubliez pas : il vaut bien mieux questionner que supposer (voir p. 136) !

Chapitre 3

Dédramatisez ce que vous et votre enfant supposez

Chaque âge de l'enfant est une étape dans sa progression et sa maturation. Chacune de ces étapes a des besoins spécifiques à satisfaire. Découvrons-les pour les comprendre, ne plus entretenir le cercle vicieux des suppositions et éviter de transformer en drame ce qui est finalement tout naturel.

LES ÉTAPES DU DÉVELOPPEMENT PSYCHOLOGIQUE DE VOTRE ENFANT

Afin que vous ne vous laissiez pas aller à de multiples suppositions sur votre enfant, voici en résumé les grandes étapes de son développement psychologique. Elles permettent de comprendre comment il « fonctionne » et nous rappellent qu'un enfant est… un enfant – non pas un adulte en miniature !

La petite enfance (vers 2 à 3 ans)

La communication entre les enfants de ces âges est essentiellement sur le mode non verbal. vous, même s'il y a un début d'acquisition du langage, c'est essentiellement avec son corps que l'enfant vous communique ses besoins et ses désirs. **L'autonomie et l'affirmation de soi apparaissent** (la fameuse période d'opposition avec les « non »).

À 2 ans, la conscience du temps se limite à l'immédiat. Une séparation de quelques heures, comme lorsqu'il est laissé à la crèche, est vécue comme une séparation définitive. « J*e reviens tout à l'heure/ce soir* » n'est pas compris ; l'échéance est abstraite. À 3 ans, il comprend « avant » et « après », mais pas « hier » ou « demain ».

Il a beaucoup de difficultés à comprendre la raison de ses peurs. C'est pour cela qu'il refuse de s'éloigner de ses parents et reste cramponné à votre jambe quand vous lui dites d'aller dire bonjour à un inconnu. Ou bien qu'il a peur de s'endormir et redoute la nuit car il fait noir, sans cependant savoir ce qu'il redoute. Ne pas parvenir à identifier un danger est très angoissant.

L'enfant de 2 ans se sent donc vulnérable et fragile quand vient la nuit. Quand le jour revient, il reprend son pouvoir grâce au « non » et peut paraître autoritaire, exigeant et capricieux, alors qu'il est gouverné par ses émotions et qu'il éprouve avec beaucoup de force le sentiment du Moi et de ses besoins. Nous le trouvons alors paradoxal : il est tour à tour agressif puis timide, il veut puis ne veut plus, il adore et déteste en même temps un objet ou éventuellement une personne, etc. Même avec votre meilleure volonté, **il est difficile de comprendre ses sentiments qui peuvent être très intenses tout en ayant l'impression qu'il alterne les contraires à toute vitesse.**

La moyenne enfance (vers 3 à 6 ans)

L'école devient un nouveau groupe social en dehors de la famille. **Il y a stimulation importante de son développement relationnel**, mais l'adaptation ou l'intégration n'est pas linéaire. Cela peut être douloureux si l'enfant est exclu du groupe ou pris à partie.

C'est vers 5 ans qu'il comprend les phases successives du temps qui déterminent des changements : le jour et la nuit, puis la semaine, le mois, l'année. **L'apprentissage se fait doucement.** « *Encore deux dodos et on s'en va* » est plus concret et compréhensible que « *On part après-demain* ».

La prise de conscience de l'espace est progressive et parallèle à celle du temps. À 4 ans, il a une bonne conscience de l'espace immédiat (mémorisation du trajet maison/école), mais n'a pas celle de la distance. « *C'est pas loin, juste à 50 mètres* » n'a pas de sens. C'est à 5 ans qu'il saisit des notions comme gauche/droite, devant/derrière, dessus/dessous, en haut/en bas. Lui dire « *C'est dans le tiroir du bas* » ou « *C'est la porte ouverte* » est compréhensible, bien plus que « *C'est dans le troisième tiroir* » ou « *la porte du milieu* », qui sont abstraits.

Sa manière de fonctionner est centrée sur son ego, sur lui seul : il considère le monde environnant de son seul point de vue. Il éprouve sa propre identité et continue de s'affirmer grâce au « non », mais envisage difficilement (voire pas du tout) ce que les autres peuvent ressentir ; s'il perçoit leur souffrance, il n'en saisit pas les raisons. De même, il **n'imagine pas quelles peuvent être**

les conséquences de ses actes. Lui reprocher « *Regarde ce que tu as fait, ça va causer ça et ça !* » reste flou et s'il vous regarde alors avec l'air de s'en fiche, c'est tout simplement qu'il ne comprend pas et n'établit aucun lien de cause à effet.

Entre 2 et 4 ans, l'enfant se constitue comme un individu à part entière, unifié (individuation) et cherche à mettre de la cohérence entre tout ce qu'il connaît (ses parents, ses frères et sœurs, ses copains, ses jouets, sa maison, son doudou, etc.). **Partager serait comme une séparation ou une fragmentation.** Le forcer à prêter ses jouets peut être vécu comme quelque chose de violent : « *C'est à moi !* » Un peu comme le « syndrome du biscuit cassé » : il le refuse non par caprice, mais parce qu'il a besoin que les choses soient entières.

Toutes ses activités sont orientées spontanément vers le jeu, qu'il va d'ailleurs interrompre très souvent pour faire autre chose ou pour parler. Il peut aussi lui arriver de jeter les pièces d'un jeu de construction dans tous les sens ou les assembler « n'importe comment ». Pour lui, c'est du jeu. C'est vers l'âge de 6 ans qu'il va chercher à atteindre un but et devenir plus stable jusqu'à ce que ce soit achevé.

Avant 5 ou 6 ans, l'enfant ne peut pas contrôler ses émotions, qu'il vit avec intensité et ressent dans l'immédiateté ; il n'a pas encore (ou de manière embryonnaire) les structures cérébrales lui permettant, comme un adulte, de raisonner, d'analyser, de chercher des solutions. C'est cela qui le rend impulsif et inconstant, et peut le faire très vite passer d'un extrême à l'autre.

La grande enfance (vers 6 à 12 ans)

Le développement psychosocial est très important : il y a recherche et plaisir à être intégré dans des groupes sociaux. Par exemple, pratique d'un sport avec apprentissage de nouvelles règles (émulation, compétition, coopération...).

L'enfant développe grandement ses habiletés intellectuelles. Il apprend à compter, mais il lui faut un support concret comme ses jouets. C'est aussi le moment où il peut apprendre l'heure, dès lors qu'il sait se repérer dans le temps ; généralement, c'est vers 6-7 ans quand, en plus, il sait compter et maîtrise les dizaines. Parallèlement, il comprend les relations entre les objets (plus grand, plus solide ou plus lourd que...) et peut classer (par exemple du plus petit jusqu'au plus grand). **Dans l'ensemble, il n'est pas encore capable de pensée abstraite et a besoin d'un support physique pour comprendre et apprendre.**

Jusqu'à l'âge de 10 ans, **son sens moral se développe et influe sur sa manière de vivre et ce qu'il pense des autres.** Il a besoin de plus de distance et de pudeur avec ses parents. Les sentiments contraires lui deviennent insupportables. C'est pour cela que lui dire « *Va demander pardon et dis-lui que tu l'aimes* » se heurte à sa vision des choses : il ne peut pas manifester de l'affection à une personne qu'il n'appréciait pas l'instant d'avant. En cas de problèmes arrive le « *C'est pas moi, c'est lui* », car il a besoin de trouver un coupable autre que lui – coupable, bien sûr, qui devra être puni. **Son sens de la justice peut être très aigu.**

À partir de 10-12 ans, certaines valeurs lui deviennent personnelles tandis que son émotivité affective s'accroît, **le rendant particulièrement sensible à ce qu'il vit** (ce que l'on appelle parfois à tort ses « sautes d'humeur »). En fait, ses émotions précèdent ses pensées et ses réactions peuvent nous sembler disproportionnées ou illogiques. De même, **ses opinions**

peuvent être changeantes, d'une part à cause de ses émotions et d'autre part parce que l'adulte demeure une référence importante qui pourra le faire changer d'avis.
Peu à peu, sa pensée s'organise, **il découvre qu'il existe de multiples points de vue, que la vérité n'est pas unique, que beaucoup d'opinions sont contradictoires** et, en adhérant à certaines, il peut rentrer en débats passionnés et passionnels avec l'adulte qui n'est plus le seul à tout savoir sur tout. C'est l'entrée dans l'adolescence.

Ces étapes sont nécessairement très résumées, mais elles permettent d'avoir un aperçu global du comportement d'un enfant en fonction de son âge. Cela permet de diminuer toutes les suppositions que l'on peut faire en toute bonne foi en croyant par exemple que l'enfant est capricieux ou qu'il ne sait pas ce qu'il veut. Cela permet aussi de saisir que certaines injonctions ne sont pas compréhensibles par l'enfant ou vont à l'encontre de sa vision des choses ou de ses émotions. « *Demande pardon* », « *Prête tes jouets* » ou « *Va dire bonjour à la dame* » en sont quelques illustrations.

TROIS CLÉS POUR « DÉSUPPOSER » AVEC VOTRE ENFANT

Nous avons vite fait de créer des suppositions sur notre enfant : « *Il est trop ceci et pas assez cela* ». En retour, l'enfant se crée lui aussi des suppositions, sur vous, sur lui, sur les événements. Moins conscientisées que les vôtres mais tout aussi réelles ! Voici trois clés qui ont toute leur importance, quel que soit son âge, pour établir un lien constructif et de qualité avec lui.

Essayez de vous mettre à sa place

Votre enfant ne peut pas nécessairement comprendre votre vision du monde. Alors essayez de comprendre la sienne, ce qu'il ressent, ce dont il a besoin. Les ordres et injonctions qu'il reçoit ne sont pas plus agréables et faciles à entendre qu'ils ne le sont pour vous ! Et comme vous, il a besoin d'être entendu et compris.

Être empathique, c'est s'intéresser à l'autre en essayant de saisir ce qu'il comprend (dimension cognitive) et ce qu'il ressent (dimension émotionnelle) par rapport à une situation donnée.

Soyez empathique et dites :	Et abstenez-vous de dire :
Tu n'as plus faim ?	Finis ton assiette.
Tu as besoin de dormir ?	Va te coucher.
Tu as l'air très en colère.	Calme-toi !
Je vois que tu t'es fait mal en tombant.	Arrête de pleurer, ce n'est pas grave.
J'ai l'impression que c'est difficile pour toi de savoir ce que tu veux.	Décide-toi et arrête de changer d'avis.
Tu as le droit d'avoir peur.	Ne sois pas trouillard.
J'ai besoin d'être seul(e) pour un instant.	Laisse-moi tranquille.
Je finis mon travail et après, on va jouer tous les deux. Ça te va ?	Va jouer tout seul, je viens plus tard.
Il/Elle a besoin de dormir, comme toi quand tu étais bébé. Viens, on va lire une histoire/faire un câlin, etc.	Arrête de faire du bruit, tu vas réveiller ton petit frère/ta petite sœur.

Être empathique avec son enfant lui apporte un gain considérable : **il se sent entendu, reconnu et considéré comme un être à part entière**. Cela renforce vos liens de confiance réciproques. De plus, en le comprenant, **vous diminuez d'autant vos suppositions à son égard**.

Respectez ses besoins physiologiques

Il y a un minimum en ce qui concerne son alimentation et son sommeil, mais **ne le contraignez pas à des normes impératives et immuables**. Vous aussi, il y a des jours où vous n'avez pas d'appétit ou pas sommeil. Une fois de temps en temps n'a vraiment rien de dramatique. De même, il peut détester certains plats. **Ne le forcez pas** (tout comme vous auriez horreur d'être forcé à ingurgiter un mets qui vous dégoûte) **dès lors que vous assurez par ailleurs son équilibre alimentaire.**

Ne supposez pas non plus sur le ressenti qu'il a de la température et ne le forcez pas à mettre un pull ou un manteau parce que vous avez froid. Si vous partez en promenade, pensez simplement à emporter son manteau, qu'il mettra quand il le souhaitera. Il expérimente ainsi lui-même et a besoin de vivre ces expériences-là pour se structurer. S'il le réclame au bout de 10 minutes de marche, donnez-le-lui tranquillement sans réflexions du genre « *Je te l'avais dit qu'il faisait froid. Tu ne veux jamais écouter* ». Ça ne sert à rien et ça l'humilie (ou le culpabilise).

Respectez ses besoins psychologiques

Cela reprend ses besoins affectifs (voir p. 40) :

- Quel est le temps que vous consacrez à votre enfant pour des câlins, des jeux, des discussions, des promenades, des parties de rire ?
- Comment répondez-vous à ses questions multiples ?
- Quelle est la part de créativité et d'autonomie que vous lui donnez ?
- Comment discutez-vous lorsque vous n'êtes pas d'accord sur une tâche à effectuer ?

Ces questions ont juste pour objet de déterminer la part que l'on accorde à son enfant, en évitant l'écueil de l'enfant roi et celui de l'enfant « qui obéit ». L'exemple du téléphone est très symptomatique : si vous ne voulez pas que votre enfant vous « ennuie » quand vous téléphonez, il ne faut pas en échange que vous interrompiez un jeu, une lecture ou un câlin avec lui si votre téléphone sonne. En fonction de son âge, **il s'agit de lui faire comprendre qu'il y a un temps pour vous et un temps pour lui, mais il s'agit aussi d'être soi-même congruent**.

Autre supposition : s'il cherche à « attirer l'attention » en vous parlant ou en tirant sur vos vêtements quand vous êtes occupé, son intention n'est pas de vous embêter ni de considérer que ce que vous faites a moins d'importance que ce qu'il désire. En agissant ainsi, il est simplement en train de vous dire que **son besoin de présence, de temps passé ensemble, de jeux ou de contacts n'est pas satisfait.** Et certains enfants ont en la matière de très gros besoins !

Quand il vous pose des tas de questions, c'est pour satisfaire le même besoin, ou bien celui de sa curiosité, de la compréhension de son environnement. S'il vous demande pourquoi la Terre est ronde ou pourquoi le ciel est bleu, ne lui répondez pas un « *je n'en sais rien* » sans lever les yeux vers lui. Il restera avec son incompréhension doublée de l'idée que sa question est sans intérêt, ou ne doit pas être posée, ou que vous le négligez, etc. Si vous ne savez pas, répondez-lui simplement : « *Je n'en sais rien, mais nous allons le chercher ensemble et je vais t'expliquer.* » Vous aurez ainsi appris quelque chose de plus, lui aussi... et vous aurez satisfait ses besoins.

Quand votre enfant rentre de l'école et qu'il vous raconte tout ce qu'il a fait, ne supposez pas qu'il est trop bavard ou ne respecte pas votre besoin de silence parce que votre journée de travail a été difficile. Il a simplement découvert et appris plein de choses, notamment dans ses contacts avec les autres, et il a besoin de vous en parler. C'est son vécu qu'il vous partage ou son stress qu'il a besoin d'évacuer.

Ne supposez pas sur ses intentions et soyez une présence affectueuse et écoutante, car c'est ainsi :

- que vous l'aidez à mieux gérer les émotions qui l'envahissent et le bousculent ;
- que vous lui donnez la sécurité qui lui est nécessaire (en évitant qu'il ne suppose négativement lui aussi !) ;
- que vous établissez une relation saine et authentique ;
- que vous contribuez à le faire grandir, s'épanouir et mûrir.

APAISER LES ÉMOTIONS

Détricoter les suppositions qui font mal

Par rapport à certains événements qu'il a vécus, votre enfant (comme vous !) a créé une supposition et en a tiré un ressenti qui l'affecte.
Exemple :

- Événement : la maîtresse a continué de lire ses feuilles quand j'ai récité la leçon.
- Supposition : elle ne s'intéresse pas à moi.
- Ressenti : j'ai eu l'impression que je n'existais pas.

Notre tendance première, animée d'ailleurs d'un bon sentiment, est de lui dire que son ressenti n'est pas juste : « *Mais tu te fais des idées ! Bien sûr, que tu existes !* » Il n'empêche, c'est ce qu'il a ressenti. En gros, vous lui parlez au niveau de la tête alors que lui, il vous exprime ce qu'il a vécu avec son cœur ou avec ses tripes. De plus, il risque de croire qu'il ne doit pas ressentir... ce qu'il a justement ressenti !

Vous pouvez procéder différemment :
1. **Se centrer sur la supposition.**
Travaillez en amont sur l'interprétation. Pour reprendre le même exemple, demandez-lui : « *Tu*

me dis qu'elle ne s'intéresse pas à ses élèves (ou à toi). » Si vous en restez là, il va vous donner plein d'autres exemples confirmant cette supposition dont il va faire une croyance solide.
Continuez donc : « *On va chercher ensemble au moins 10 raisons pour lesquelles elle a continué à lire ses feuilles quand tu récitais ta leçon. Je commence et tu continues. Alors, elle a* .... »

2. **Identifier les suppositions « vraies ».**
Montrez-lui que, dans toutes ces raisons, il est très difficile de savoir laquelle est vraie et laquelle est fausse. Demandez-lui quelles sont celles (le pluriel est important) qui lui paraissent vraies. Faites de même.

3. **Modifier le ressenti.**
Au bout du compte, sa première supposition a autant de chances d'être fausse que vraie ! En conséquence, que pense-t-il de la « vérité » de son ressenti ? Par quoi pourrait-il le remplacer ?

Apaiser ce que l'enfant redoute

Ce qui nous empêche parfois de questionner (voir p. 136) une personne que l'on connaît peu ou avec qui nous ne sommes pas à l'aise, c'est une fois de plus une supposition basée sur le regard des autres, sur ce qu'ils pourraient éventuellement former comme opinion sur nous : « *Je vais avoir l'air idiot* », « *Qu'est-ce qu'ils vont penser de moi ?* »

En fait, vous ne savez pas ; vous vous inquiétez de quelque chose que vous ne connaissez pas. Une fois qu'on l'a compris pour soi, on le comprend alors pour son enfant, même si nous pouvons avoir tendance à le rassurer chaque fois qu'il n'ose pas demander quelque chose qui lui tient à cœur. Procédez plutôt ainsi :

1. **Accueillez d'abord son émotion** : « *Je vois que ça te tracasse* », « *Si je te comprends bien, tu es inquiet* ».
2. **Demandez-lui ce qu'il redoute.** Quelles sont ses craintes ?
3. **Invitez-le à envisager la pire situation qui existerait s'il posait sa question.** La pire de toutes. Et encore plus pire que ça ! Et demandez-lui s'il pense vraiment que cette abominable situation pourrait vraiment arriver. Normalement, il va trouver que c'est passablement exagéré.
4. **Demandez-lui à présent** : « *Est-ce que tu peux dire quelles sont les réponses possibles que l'on pourrait apporter à ta question, aussi bien des réponses négatives que positives ?* » Qu'il soit

imaginatif ; rajoutez-en en insistant sur les réponses positives. Finalement, quand il se retrouve face à 10, ou 15, ou davantage de réponses possibles, sait-il laquelle va-t-on réellement lui donner ?

Adaptez tout ce processus à son âge et à sa maturité. Son besoin est d'être rassuré et il le sera quand il aura déterminé par lui-même que ses craintes sont juste un produit de son imagination et que, de toute façon, vous êtes toujours là au cas où.

LIMITES ET INTERDITS

Les mauvaises stratégies

Une supposition très courante : **croire que les autres fonctionnent comme nous et voient le monde comme nous le voyons avec nos règles, nos croyances et nos filtres.** Comme ce n'est pas le cas, nous ne comprenons pas qu'une personne n'ait pas fait ce que nous trouvons « normal » de faire et vice versa. Apparaît une autre supposition : nous allons le changer et… l'autre ne change pas, sauf si nous avons un grand talent de persuasion ou si nous usons de la contrainte.

Idem avec nos enfants : nous supposons qu'ils fonctionnent comme nous et que, dès lors que nous avons établi une limite, ils comprennent cette limite, l'admettent et vont la respecter. Aussi, dès qu'elle est franchie (et elle le sera à un moment ou à un autre), nous allons user de deux stratégies opposées dont nous pensons qu'elles sont efficaces : la **carotte** et le **bâton**. Le troisième accord toltèque revient immédiatement à la surface : ne faites pas de suppositions !

Au lieu de supposer que ces stratégies donneront les résultats attendus dans tous les cas de figure, procédons un peu différemment avec quelques variantes selon l'âge de l'enfant. Cela diminuera d'autant pour lui la crainte du châtiment, ou le sentiment de frustration, ou l'agacement de ne pouvoir vivre librement. Abordons ces points à un stade d'évolution où votre autorité peut être mise à mal, celui de la grande enfance (6-12 ans).

Qu'il est bon de faire ce qui est interdit ! **Dès lors que l'on ne peut pas et surtout, que l'on ne doit pas, il y a une attirance, comme un besoin de connaître l'inconnu, de satisfaire notre curiosité et de conquérir un espace de liberté.** Dès le plus jeune âge, les parents apprennent à l'enfant ce qu'il est possible et autorisé ou encouragé de faire et ce qui ne l'est pas. Il existe ainsi une sorte de ligne rouge qu'il ne faut pas franchir, mélange des croyances et valeurs des parents d'un côté et de ce que la société tolère ou pas de l'autre côté. Quand il a 7 ou 8 ans, l'enfant se retrouve ainsi confronté à une liste d'interdits exprimés très souvent sous forme d'impératifs et d'ordres. Comme il n'a pas encore la pleine conscience de ce que ses actes peuvent entraîner comme conséquences, sa curiosité et son envie d'expérimenter donnent une sacrée envie de transgresser.

Par ailleurs, l'enfant a horreur des limites. **Ce qu'il ne connaît pas de son environnement est réellement une incitation à ouvrir la porte pour voir ce qu'il y a après.** « *Fais ceci ! Ne fais pas cela !* », sans explications complémentaires, est difficile à entendre, à accepter et à supporter. Nous-mêmes, d'ailleurs, ne le supportons pas ! Lui assurer que « c'est pour ton bien » est une notion abstraite qui ne correspond pas à ce qu'il estime être bien pour lui, là, maintenant.
S'il passe outre, d'autres expressions vont arriver : « *Tu n'en fais qu'à ta tête* », « *Tu es insupportable* », « *Tu n'obéis jamais* », etc. Un pas de plus et c'est le bâton qui arrive. Or, si une punition avait un réel effet curatif et éducatif, il y a bien longtemps

que 90 % des problèmes seraient définitivement réglés !

L'autre possibilité est d'agiter la carotte. Une promesse de récompense dans l'espoir d'éduquer sans violence et de motiver. Mais là aussi, ça n'a d'impact que momentanément. L'attrait de la récompense s'amenuise et la « dose » doit devenir plus forte pour que l'attrait perdure. **Avec un risque de rentrer, de part et d'autre, dans le cercle vicieux du chantage.** Car si l'enfant peut, à court terme, être motivé par ce qu'on lui a promis, cela ne veut absolument pas dire qu'il a compris et accepté l'interdit auquel il est confronté.
L'interdit peut donc se transformer en chantage : « *Si tu es sage, tu auras droit à un cadeau* », « *Si tu ranges tes jouets, tu auras droit à 10 minutes de jeu supplémentaires avant d'aller te coucher* ». En fait, si tu fais ceci ou si tu ne fais pas cela, cela fait naître un droit pour toi. L'enfant a donc envie d'obtenir ce droit attrayant sans toujours comprendre la raison profonde pour laquelle il doit faire ceci et pas faire cela. Et le jour où il ne veut pas, la carotte redevient bâton et la récompense se transforme en punition.

Un cadre avec des règles

Comme nous l'avons déjà dit à propos de la parentalité positive (voir p. 13), il ne s'agit pas de tout autoriser et de ne rien interdire. Plutôt que de poser des limites avec des interdits exprimés sous forme d'ordres non argumentés, **établissez des règles et faites-le avec lui.**

Pourquoi des règles ? Parce que c'est une manière de définir un cadre grâce auquel sont déterminées et organisées les choses. Comme dans un jeu, ce sont justement ces règles qui permettent de savoir comment agir au mieux pour gagner la partie. Un jeu qui n'aurait pas de règles serait injouable ! D'autre part, d**es règles sont établies parce qu'il y a un but, un avantage, un objectif.** Que ce soit dans une équipe de sport, dans la vie en société, à l'école, au sein de la famille, etc., dès lors qu'il y a un groupe, les règles permettent d'organiser le rôle de chacun en fonction d'un contexte et à l'intérieur d'un cadre. Il y a bien sûr des limites et des interdits, mais avec pour corollaire des moyens d'action et des autorisations. **Ces limites et interdits sont alors vus comme faisant partie d'un ensemble pour donner une cohérence** et ce n'est pas du tout la même chose que lorsqu'ils sont isolés et ne permettent aucune alternative.

DES RÈGLES AUXQUELLES IL PARTICIPE ACTIVEMENT

Pourquoi les fixer avec votre enfant ? Pour l'impliquer, pour le responsabiliser, pour qu'il soit partie prenante de quelque chose qui va l'impacter nécessairement. Il devient acteur, n'a pas à subir passivement et respectera d'autant mieux les limites fixées dès lors qu'il aura participé activement à leur élaboration. Sont ainsi renforcées sa place dans la famille, sa confiance en lui, sa capacité à affirmer ses choix et préférences, sa relation avec vous et sa motivation puisque le sens lui est connu.

De plus, une autre cohérence s'établit : toute la famille ayant participé à l'élaboration de ces « codes de bonne conduite », parents et enfants « obéissent » aux mêmes règles. Sinon, comment voulez-vous qu'un enfant fasse siennes des règles de vie que ses parents ne respectent pas ? Enfin, cela pose un cadre sécurisant.

Ces règles doivent être simples et faciles à mettre en place, et peuvent concerner tout ce qui pose difficulté : le moment pour aller se coucher, les tâches ménagères, la tenue à table, le départ à l'école, la façon de s'exprimer, la gestion des colères, les disputes entre frères et sœurs, etc.

Pour certains domaines, **donnez-lui le droit de choisir ce qui lui convient dans le respect des règles**, notamment quand cela a une influence directe sur son quotidien. Par exemple : « *Nous venons donc de décider que l'heure du coucher sera entre 20 heures et 21 heures. Ce sera à toi de décider quand tu te sentiras suffisamment fatigué pour aller dormir. Est-ce que ça te va ?* »

En procédant ainsi, l'enfant :
- conserve sa liberté à l'intérieur de ces règles adoptées ensemble ;
- accroît son sens des responsabilités ;
- prend la décision au lieu de devoir obéir passivement à une injonction.

LE CONSEIL EN +

Que faire si une règle est transgressée ? Cela peut arriver et cela arrivera ! Tout dépend de la « gravité ». Si c'est le mot de Cambronne qui a échappé à votre enfant ou à vous-même, un petit rappel à l'ordre par les autres peut se faire, assorti éventuellement de l'excuse de celui qui l'a dit.

Si c'est un comportement qui ne convient pas ou un problème relationnel, alors le « code » doit avoir défini la procédure à suivre. Le mieux est de prévoir une réunion de tous pour en discuter. En discuter, pas juger et condamner ! Ce n'est pas un tribunal. L'objectif n'est pas de demeurer centré sur le problème mais de trouver une solution qui convienne à tous. Peut-être le « code » doit-il être amendé, rectifié, complété ?

Bien évidemment, tout le monde est concerné et si c'est l'un des parents qui a transgressé ce qui était prévu, la réunion doit aussi avoir lieu avec le même sérieux et dans les mêmes conditions. En procédant ainsi, le sens de la justice de votre enfant est satisfait.

LE CAHIER DES PLAISIRS

Vous le savez à présent, ce qui esquinte, ce sont les suppositions négatives et une tendance à toujours voir le verre à moitié vide. Alors autant commencer tôt pour prendre de bonnes habitudes !

Allez choisir avec votre enfant un cahier qui lui plaît et sur la couverture duquel il écrira « Cahier des plaisirs » (ou un autre intitulé de son choix). L'objectif est que, chaque soir (ou chaque dimanche soir), il inscrive la date et un plaisir qu'il a eu dans la journée, petit ou grand : une réussite, un mot gentil, une belle chose, un éclat de rire… Vous pouvez même en discuter avec lui et vous en réjouir ensemble.

Petit à petit, son attitude et son ressenti vont se modifier. Il sera de plus en plus disposé à moins retenir le négatif et à se focaliser davantage sur le positif. Cela va être, pour son futur, un comportement qui lui sera bénéfique en lui apportant plus d'ouverture et d'attention, plus de joie, de confiance en soi et de créativité, et beaucoup moins… de suppositions négatives !

QUAND L'ADOLESCENCE POINTE SON NEZ

Traditionnellement, le passage de l'enfance vers l'âge adulte déclenche souvent ce que l'on appelle **la « crise d'adolescence » avec de multiples interrogations, appréhensions et suppositions.** Cependant, toutes les crises ne sont pas semblables et il n'y a pas obligatoirement de crise. Tout dépend du caractère de l'enfant et de celui... de ses parents, du climat familial, de la relation de confiance, de l'espace de liberté, etc.
Cette crise d'adolescence, c'est l'ensemble des difficultés auxquelles l'enfant se trouve confronté du fait de son changement d'identité et des manifestations de celle-ci. C'est une période de bouleversements psychologiques et physiologiques **dont la manière de les comprendre, de les vivre et de les résoudre influe sur la construction de l'identité future pour s'orienter dans la vie.**

Cela peut être difficile à vivre pour les parents quand ils ne reconnaissent plus le petit enfant qui avait besoin d'eux et revendique maintenant sa chère liberté, qui croyait ce qu'ils disaient et aujourd'hui jongle avec des concepts abstraits pour élaborer des théories qu'ils n'admettent pas (ou ne comprennent pas), qui réclamait des câlins pour s'apaiser et à présent semble empêtré dans un corps différent, pas encore apprivoisé, plein de pulsions et parfois dépourvu de grâce. Cela n'est pas plus évident pour l'adolescent qui nage comme il le peut dans un torrent d'émotions où alternent en permanence inquiétudes et exaltations, colères et cafards, plaisirs et peurs, honte ou tristesse et sentiment de toute-puissance. Ça se bouscule d'un peu partout : le corps change et subit des modifications acceptées ou détestées. Les pensées et modes de pensée ne sont pas en reste : un besoin de nouveauté et l'impression d'être bridé dans ses envies qui vont de pair avec une peur de ce qui peut arriver. Le mode de vie des parents est tour à tour rejeté (besoin de décider et d'expérimenter par soi-même) et réclamé (besoin d'être rassuré et compris).

Pour autant, la communication n'est pas coupée ; elle a pris simplement des voies nouvelles où le non-verbal occupe une grande place. Même son « ch'sais pas », parfois débité comme un mantra, devient une sorte de langage non verbal ! Mais si l'on n'y prend pas garde, de chaque côté, un flot de suppositions, de critiques et de visions négatives peut ternir la relation.

Comportements	Quelques suppositions version ado	Quelques suppositions version parent
Il lève les yeux au ciel	« Il essaie de m'imposer ses règles »	« Il se croit tout permis sans aucun respect »
Il émet un vague grognement	« Je n'ai rien à dire et il insiste »	« Il a un caractère de chien »
Il soupire bruyamment	« Il ne comprend pas qu'il me fatigue avec ses questions ou ses "conseils" »	« Il ne sait pas se tenir »
Il fait la tête	« J'ai un problème et je n'ai pas envie d'en parler »	« Il n'est jamais content »
Il quitte la pièce au milieu d'une discussion	« Il veut absolument avoir raison et toujours me dire ce que je dois faire »	« Il est incapable d'avoir un raisonnement structuré »
Il s'habille d'une façon… « étonnante »	« J'ai honte de cette famille : complètement démodée »	« J'ai honte de lui : il a des goûts de m… »

Cette liste pourrait être beaucoup plus longue et étoffée ; elle a juste pour objectif de mettre en lumière une **difficulté de se comprendre dès lors que les codes ne sont pas les mêmes et qu'ils sont réinterprétés au travers de nos filtres**. De plus, votre ado peut parfois être convaincu que vous faites exprès de ne pas comprendre ce qu'il est en train de « dire » avec ses comportements et, de votre côté, vous pouvez être convaincu qu'il fait exprès de ne pas faire le moindre effort pour communiquer intelligemment.

Non, ce n'est pas évident, car chacun de son côté souhaite que l'autre change, d'où des attentes non satisfaites car elles ne sont pas la réalité mais... des suppositions. Si les parents ne prennent pas d'initiatives pour changer cet état de fait et essaient de reprendre le contrôle de quelque chose qui leur échappe, le risque que cela ne s'arrange pas et que ça dégénère est réel.

→ Qu'est-ce qui ne va pas ?

Tant que les tensions et émotions sont présentes avec tant de force, inutile de vouloir discuter sereinement.

Voici une méthode qui peut donner des résultats satisfaisants :

1. Le cadre : réunissez tout le monde et exposez les 3 points du tableau ci-après. Expliquez en douceur votre souhait : que tout se passe le mieux possible pour tout le monde. Demandez alors à chacun s'il partage la même volonté.

2. Exposez les raisons de cette réunion : si personne ne sait ce que l'autre veut et pourquoi il le veut, rien ne pourra être réglé. Donc, autant mettre les cartes sur la table avant d'amorcer une recherche de solution commune. Distribuez à chacun une feuille divisée en trois colonnes :

Ce qui ne va pas/ce qui ne me convient pas	Pour quelle(s) raison(s) ?	Quelle(s) solution(s) respectueuse(s) de tous puis-je proposer ?

3. Cela demande réflexion. Revenez sur l'intérêt pour chacun de mettre cela par écrit : fixer sur le papier les points de friction, identifier clairement ses propres besoins, faire part aux autres de ses attentes, faire connaître la solution que l'on souhaite… Aussi, demandez à chacun de prendre le temps de remplir ce tableau, sereinement et sérieusement, et proposez que tous se réunissent le lendemain pour en discuter. Proposez une heure et faites valider deux points : « *Est-ce que chacun est d'accord pour qu'on procède ainsi ?* » et « *Est-ce que demain à telle heure vous convient ?* ».

4. Lors de la réunion de « débat », le lendemain, reposez le cadre :

- Chacun, à tour de rôle, lit ce qu'il a noté et les autres écoutent, sans aucune interruption ni jugement quelconque.
- Chaque point énoncé est ensuite repris : la solution proposée est-elle acceptable par tous ? Quelles autres solutions peuvent être envisagées ?
- Rappelez le mot d'ordre : la réunion a pour objet de trouver des solutions qui conviennent à tous, et non pas de creuser un problème ni de porter des jugements négatifs. Le respect impérieux de la parole impeccable est de mise. Cela peut paraître redondant, mais dans un climat de tensions, rappeler ces règles est essentiel.

5. Quand la réunion est achevée, prenez une feuille et synthétisez tout ce qui a été décidé. Intitulez-la comme vous le souhaitez tous ensemble et proposez que ce soit affiché quelque part pour pouvoir s'y référer si un problème ressurgit de nouveau. Proposez également que, si un problème, nouveau ou pas, se présentait, vous procéderiez comme vous venez de le faire.

6. Faites valider ! Donnez la parole à chacun à tour de rôle pour qu'il exprime son opinion sur le point 5. Est-il d'accord pour que l'on procède ainsi ? Voit-il autre chose à ajouter ?

En agissant ainsi :

- un processus de résolution de problèmes est mis en place ;
- les émotions (et suppositions) de chacun sont amplement diminuées ;
- la place de chacun dans la famille est reconnue et validée ;
- chacun a pu exprimer ce qu'il ressent, ce qu'il désire et ne désire pas, et a été écouté sans être jugé ni dénigré ;
- les besoins et attentes de chacun sont clarifiés et respectés ;
- les liens de confiance entre chacun sont maintenus et renforcés.

4

ALLEZ, JE FAIS DE MON MIEUX !

Nous n'avons pas à être des parents parfaits. D'ailleurs, nous serions bien en peine de savoir ce que ça veut dire ! En revanche, notre rôle d'éducateurs est de vouloir ce qui nous paraît être le mieux pour notre enfant. C'est pourquoi nous allons faire, non pas à la perfection, mais de notre mieux – ni plus, ni moins.

Chapitre 1

Je fais de mon mieux... vraiment ?

Comment donc faire de son mieux quand nous sommes confrontés à une réalité qui nous contrarie ? Justement, en faisant de notre mieux ! Voyons comment cela opère.

POURQUOI FAIRE DE SON MIEUX ?

Nous venons de voir trois accords qui paraissent extrêmement simples de prime abord, mais que nous avons parfois du mal à mettre en œuvre : lorsque nous les analysons en détail, leur complexité apparaît, notamment parce qu'ils se heurtent à nos diverses habitudes et à nos réflexes de pensée et de comportement.

Le quatrième accord intervient justement pour faciliter leur mise en application dans notre vie. Il déclare : « **Faites toujours de votre mieux** ».

Voyons déjà ce qu'il se passe si nous ne le comprenons pas :

- Si vous voulez que votre parole soit impeccable, vous devez faire de votre mieux : si vous ne faites pas attention à vos paroles, à la manière dont vous les énoncez et à l'intention qui est la vôtre, vous risquez de blesser votre enfant. Lui-même se mettra en difficulté dans ses rapports avec les autres. Mais faire de son mieux ne signifie pas être dans le contrôle permanent de tout ce qui est dit ; ce serait se soumettre à une pression épouvantable et, de toute façon, ça finirait par sonner faux. Vous et votre enfant devez aussi pouvoir conserver de la spontanéité.
- Si, par rapport à ce que fait et dit votre enfant, vous ne faites pas de votre mieux, vous risquez d'en faire une affaire personnelle et de rentrer en conflit. Lui-même bâtira son malheur en naviguant constamment dans des émotions négatives. Mais cela ne veut pas dire ne plus jamais prêter attention à ce qui se dit ou se fait, ou faire semblant de ne pas être atteint ; c'est simplement faire au mieux pour en minimiser les impacts.
- Si vous souhaitez ne pas faire de suppositions, vous devez faire de votre mieux, sinon c'est votre imagination qui prend le dessus et vous prenez pour vrai ce que vous n'avez pas

vérifié. De même, votre enfant suppose des tas de choses contre vous ou contre lui. Vous devez tous deux, là encore, apprendre à faire de votre mieux.

L'objectif de ce quatrième accord est de vous aider à appliquer au mieux les trois autres avec le plus d'aisance possible et le moins de contraintes possible pour en retirer les meilleurs bénéfices. Mais il n'est pas un impératif absolu, à appliquer nécessairement dans tous les cas de figure. Il faut aussi faire la part des choses pour éviter la culpabilité de n'avoir pas su respecter ces trois accords.
Les accords toltèques sont un moyen pour être mieux, pas une fin. En déclarant « Faites toujours de votre mieux », cet accord a donc une grande utilité et invite à ne pas être intransigeant, mais tout au contraire à apprendre la souplesse, la flexibilité, la finesse.

UN MIEUX QUI VARIE

Plus vous appliquerez ces accords et plus vos relations seront fluides. À présent, il vous reste à le faire de votre mieux, c'est-à-dire vous impliquer réellement dans ce que vous faites, être au clair avec les motivations qui vous guident et donner le meilleur de vous-même au moment où vous le faites, en y trouvant de la satisfaction. Nous avons parlé, au tout début de ce livre, de vos intentions.

Quelles sont vos intentions vis-à-vis de votre enfant, maintenant que vous connaissez les trois premiers accords :
- Pourquoi avez-vous un enfant ?
- Pourquoi l'éduquez-vous ?
- Pourquoi l'éduquez-vous ainsi ?
- Que voulez-vous pour lui ?
- Que voulez-vous pour vous ?

Vos réponses à ces questions déterminent votre objectif global. Il est important de le connaître, car **faire de votre mieux dépend de votre objectif ; c'est ce dernier qui détermine votre intention quand vous agissez**.

Votre mieux est f**onction de ce qui se passe quand vous agissez** : le contexte, les émotions et pensées qui sont les vôtres et celles de votre interlocuteur, ainsi que les moyens dont vous disposez. Tout cela est naturellement changeant. Or, le quatrième accord est ainsi formulé : « Faites toujours de votre mieux ». Comment appliquer ce mot « toujours » à quelque chose qui est fluctuant et évolutif ?

Si vous croyez qu'il faut l'interpréter au sens de « en toutes circonstances, quoi qu'il se passe », vous voudrez donner le maximum en permanence, voire plus que le maximum, et vous vous engluerez dans un perfectionnisme épuisant et toxique.

Votre mieux fluctue régulièrement, d'un jour à l'autre et même au cours d'une journée en fonction de diverses circonstances. Pourquoi donc le « toujours » ? Parce que, quand toutes les conditions sont réunies pour que les accords s'appliquent, alors faites de votre mieux à chaque fois, ni plus ni moins.
Vous ferez inévitablement des erreurs. Ce qui est sûr, c'est que plus vous agirez en conscience, plus vous ferez de votre mieux et plus ces erreurs diminueront.
Acceptez que vous puissiez parfois et pour un instant ressentir une émotion négative. Dans le même temps, acceptez que vos pensées soient également négatives. Puis, revenez à l'équilibre. Plus vous êtes convaincu que l'équilibre va revenir vite, plus il reviendra vite. Vous développez ainsi votre résilience. En fait, vous avez fait de votre mieux en fonction de vos capacités du moment et en fonction des moyens dont vous disposiez.

LE MIEUX, OUI, MAIS PAS PLUS !

Si vous faites moins que ce que vous savez pouvoir faire à un moment donné, vous risquez de le regretter et de vous sentir coupable de négligence ou de paresse. Or, vous voulez faire bien et être un bon parent, et c'est heureux si vous n'êtes pas trop rigide dans votre manière d'envisager le mieux. Vous voulez que votre enfant fasse bien pour qu'il se prépare un avenir plaisant, et c'est heureux si vous n'êtes pas trop exigeant par rapport à ce que vous attendez de lui.

Si vous voulez faire beaucoup plus, vous dépassez l'objectif et vous vous épuisez en pure perte, avec le risque de douter de vous, de l'autre, de tout. Si vous faites trop, vous dépensez des réserves d'énergie qui vont ensuite vous manquer. À l'illusion d'être meilleur ou plus efficace succédera l'épuisement. Parallèlement, si vous demandez à votre enfant de faire toujours mieux, vous allez le contraindre, le stresser et l'épuiser ou le démoraliser.
Quand vous voulez que tout soit parfait, vous vous maintenez en état de stress permanent parce que, régulièrement, arrive ce que vous ne voulez pas ou n'arrive pas ce que vous voulez. Du coup, vous risquez d'occulter tout un ensemble d'éléments

positifs pour pointer le « petit truc » qui ne va pas, qui ne vous plaît pas, que vous n'auriez pas fait comme ça. C'est démoralisant et agaçant. En fait, vous oubliez que votre enfant n'est pas dans votre tête et même qu'il n'est pas vous, mais lui !

QUELQUES CONSEILS SIMPLES POUR L'ENCOURAGER À FAIRE DE SON MIEUX

Si vous voulez aider votre enfant à faire de son mieux dans sa vie tout en étant épanoui (n'est-ce pas votre but ?), prenez ces quelques habitudes simples (… de votre mieux !) :

- Soyez **plus souple** dans votre façon de penser, de faire et de parler.
- **Utilisez l'empathie**, mettez-vous à la place de votre enfant, écoutez-le.
- **Si vous voulez donner un conseil**, démarrez par : « *Est-ce que je peux te donner mon avis/te dire ce que j'en pense ?* », « *J'ai une suggestion à te faire. Tu veux bien ?* ».
- Apprenez à **voir tout ce qui va** plutôt que tout ce qui ne va pas.
- **Sécurisez-le** sur ses propres imperfections.
- **Complimentez-le**. Avant de pointer un axe de progrès ou de lui reprocher un « manquement »,

→

prenez le temps de mettre en avant chez lui deux ou trois qualités.

- **Acceptez l'erreur et l'échec** en gardant à l'esprit qu'ils préparent à la réussite.
- Arrêtez la chasse interminable aux détails anecdotiques ; **voyez l'essentiel et réjouissez-vous-en**.
- **Respirez, détendez-vous**, ne soyez pas un réservoir de stress qui déborde !

Faire de votre mieux, c'est tout simplement trouver le meilleur équilibre, c'est-à-dire : avoir envie de faire ce qui est à faire, pas plus et pas moins, en fonction des moyens dont vous disposez au moment où vous l'accomplissez (capacités, connaissances, contexte, état physique, émotionnel...) et en y trouvant du plaisir.

C'est, corrélativement, **accepter que votre mieux ne soit pas toujours exactement identique**. Quand vous avez compris cela pour vous-même et que vous en êtes d'accord, vous pouvez alors le comprendre pour votre enfant.
En vous donnant de la souplesse et donc en acceptant que, parfois, « ça ne marche pas », vous quittez l'obligation et la contrainte pour vous diriger vers votre capacité de décision et votre plaisir.

C'est ainsi que vous progresserez le plus vite et que vous aiderez votre enfant à progresser. Lâchez prise, et que chacun fasse de son mieux !

« TU DEVRAIS » ET « TU NE DEVRAIS PAS »

Il y a très certainement des choses qui vous déplaisent chez votre enfant. Et de temps en temps, vous lui dites : « *Tu devrais...* » ou « *Tu ne devrais pas...* ». Par exemple : « *Tu ne devrais pas mettre un pantalon aussi serré, il te fait de grosses fesses* », « *Tu devrais te coiffer autrement, tu as l'air d'un idiot* », « *Tu devrais t'appliquer davantage sinon, tu vas rater ton année* », « *Tu ne devrais pas manger autant, tu vas finir obèse* »... Il y a aussi, dans son entourage et à l'école notamment, certaines personnes qui parfois lui disent ce qu'il devrait ou ce qu'il ne devrait pas faire. Ces jugements catégoriques indiquent à votre enfant que ce qu'il fait n'est pas correct.

Le problème de ces phrases, c'est quand **elles touchent un point sensible ou reviennent trop souvent**. À la longue, cela finit par instiller le doute en lui et le blesser. Il risque de généraliser et de penser que, quoi qu'il fasse, il y a toujours quelque chose qui manque. Au lieu de se réjouir de ce qu'il réussit, il redoute ce qu'il pourrait rater. Il se met à vivre avec ses échecs, ses erreurs, ses imperfections qu'il prend pour une réalité. Les « *je devrais faire ceci* » ou « *je ne devrais pas faire cela* » vont se transformer dans son esprit en « *je ne suis pas assez bien* » ou même « *je ne vaux rien* ». Pour vous en rendre compte, **soyez à l'écoute de ce que vous dites**. Êtes-vous régulièrement en train de le « conseiller » ? Lui faites-vous souvent des reproches ?

À l'écoute du ressenti de son enfant

Soyez aussi à l'écoute de ce qu'il dit. S'il rentre un jour de l'école avec un air soucieux ou triste, interrogez-le en douceur et sans être intrusif. Sans doute finira-t-il par dire : « *Untel m'a dit que...* » Parfois, c'est plus subtil : dans une discussion, tout à coup, au détour d'une phrase, vous l'entendez marmonner : « *Oh moi, de toute façon, je ne sais pas faire...* » Et si vous le questionnez, il peut également vous avouer que les « autres » considèrent tout le temps qu'il n'est pas assez ceci ou trop cela. Il croit faire de son mieux, il se démène pour faire de son mieux et ça ne va jamais.

Ce n'est pas anodin. Même si votre enfant donne l'impression d'être solide, **certains mots qui nous paraissent anecdotiques peuvent lui être blessants et esquinter durement sa confiance en lui**. Proposez-lui l'exercice suivant, à prendre comme un jeu, pour lui permettre de recouvrer sa confiance en lui.

→ Aidez-le à prendre conscience de son « mieux »

- Demandez-lui d'abord ce qu'on lui reproche en général, que ce soit vous ou d'autres personnes. Puis demandez-lui ce qu'il se reproche. Vous verrez ainsi s'il s'est approprié les reproches des autres.
  Soyez vraiment dans la douceur, la bienveillance, et expliquez-lui bien que cet exercice, c'est pour l'aider à aller mieux. Comprenez bien ses émotions et accueillez-les. Comprenez que ce n'est pas facile de dire, même à ses propres parents, que les autres nous reprochent d'être qui nous sommes et d'avouer que nous avons une mauvaise image de nous-mêmes.
- S'il a du mal à exprimer sa pensée, accompagnez-le. Par exemple : « *Si je te comprends bien, tu trouves que tu n'es pas ....* »

- Terminez par une demande de validation, c'est important : « *C'est bien ça ?* », « *Je le dis comme il faut ? Comme tu le ressens ?* »
- Maintenant, dans la colonne de gauche du tableau suivant, inscrivez la phrase qu'il a formulée (ou que vous l'avez aidé à formuler) dirigée contre lui. Dans les deux colonnes de droite, vous allez noter ses réponses en lui demandant d'imaginer des conseils sous forme de « *Tu devrais* » et de « *Tu ne devrais pas* », qui seront exprimés à chaque fois par une personne différente (vous pouvez varier à l'infini).

<table>
<tr><th>Le reproche qu'il se fait</th><th colspan="2">Les conseils qu'il imagine que d'autres pourraient lui donner</th></tr>
<tr><td rowspan="8">« Je............ »</td><td colspan="2">Exprimé par ses frères et sœurs</td></tr>
<tr><td>Tu devrais ....</td><td>Tu ne devrais pas ....</td></tr>
<tr><td colspan="2">Exprimé par son autre parent</td></tr>
<tr><td>Tu devrais ....</td><td>Tu ne devrais pas ....</td></tr>
<tr><td colspan="2">Exprimé par la boulangère</td></tr>
<tr><td>Tu devrais ....</td><td>Tu ne devrais pas ....</td></tr>
<tr><td colspan="2">Exprimé par un voisin</td></tr>
<tr><td>Tu devrais ....</td><td>Tu ne devrais pas ....</td></tr>
</table>

	Exprimé par son doudou	
	Tu devrais …………………	Tu ne devrais pas ………………
	Exprimé par un Martien	
	Tu devrais …………………	Tu ne devrais pas ………………

Vous pouvez vous-même proposer des réponses. N'hésitez pas à être un peu farfelu, voire à prendre un accent étranger ou l'intonation d'une très vieille personne pour rendre l'exercice encore plus amusant.

Quand c'est terminé :
Montrez-lui que les « conseils » sur ce qu'il devrait être ou faire ou ne pas être ni faire sont… infinis ! Tous les autres ne sont pas lui et formulent leurs « conseils », non pas à partir de lui mais à partir de ce qu'ils sont et de ce qu'ils pensent. Pour qu'il le saisisse mieux, montrez-lui qu'il y a des choses qu'il aime et que vous n'aimez pas, et réciproquement (les exemples sur la nourriture, faciles à trouver, permettent de comprendre que chacun a ses goûts propres).

- Demandez-lui, parmi tous ces « conseils », s'il y en a un qui le concerne ? Qu'il trouve vrai ? Qui lui « parle » ? Qu'il a envie de suivre ? Lequel est juste ?

- Et lui ? Que pense-t-il qu'il devrait faire ou pas ? De quoi a-t-il envie ? Rappelez-lui ce que c'est que de faire de son mieux. Dites-lui que vous aussi, vous faites de votre mieux. Que de temps en temps, ça marche. Et que de temps en temps, ça ne marche pas !
- Terminez en l'assurant de votre soutien, de votre amour, de votre confiance en lui. Rappelez-lui deux ou trois choses qu'il a très bien réussies.

En procédant ainsi :

- vous amenuisez ou détruisez une croyance négative qu'il s'était forgée à son encontre ;
- vous mettez fin à ses émotions négatives pour leur substituer de la légèreté et plus de joie ;
- vous restaurez sa confiance en lui et en vous ;
- vous lui enseignez en même temps les deuxième, troisième et quatrième accords toltèques !

Chapitre 2

Restaurez et développez l'image que votre enfant a de lui-même

Le mieux à faire pour son enfant est de l'aider à bâtir sa confiance en lui-même, en ce qu'il est et en ce qu'il peut faire. C'est là un socle indispensable pour avancer sereinement dans la vie, qui lui permettra, au quotidien, de faire de son mieux dans tous les aspects de sa vie, avec joie mais sans regrets, pression ni culpabilité.

FAVORISER L'ESTIME DE SOI

L'une des meilleures choses que nous pouvons accomplir en tant que parent est de faire de notre mieux pour **développer l'estime de soi et la confiance en soi de son enfant**. Plus elles se renforcent et mieux elles l'accompagneront dans tous les aspects de sa vie présente et future, avec lui-même et avec les autres. La difficulté d'une immense partie des adultes est justement ce déficit. Alors, autant commencer jeune !

Confiance en soi et estime de soi ont des liens très étroits et s'influencent l'une l'autre, mais sont sensiblement différentes.
Voyons d'abord l'estime de soi, qui concerne la valeur que nous nous accordons. Elle détermine la capacité :
- à se faire confiance ;
- à s'apprécier tel qu'on est ;
- à avoir une image de soi positive ;
- à ne pas se dévaloriser.

C'est se sentir capable, compétent, à la hauteur des situations. Une bonne estime de soi donne un sentiment d'être bien avec soi-même et, malgré des échecs inévitables, permet de se reconnaître une valeur. Les personnes ayant une mauvaise estime d'elles-mêmes se dénigrent en permanence ; même en cas de réussite, elles ont du mal à admettre qu'elles y sont pour quelque chose.

Comment savoir ce qu'il en est pour son enfant ? Quelques indices :

Enfant ayant une bonne estime de lui	Enfant ayant une mauvaise estime de lui
Il sait ce qu'il vaut sans pour autant se surévaluer.	Il doute de ses capacités et se dévalue souvent.
Il exprime ses idées et est capable de faire des choix.	Il hésite, n'ose pas dire ce qu'il pense et se rallie facilement à l'opinion dominante.
Plutôt confiant en l'avenir, il peut oser prendre des risques.	Il vit dans la crainte de ce qui peut arriver (envisagé négativement).
Il se donne le droit à l'erreur et peut recommencer malgré un échec.	Il redoute l'erreur ; un échec « confirme » sa mauvaise image de lui.
Il fait confiance aux autres et entretient des relations positives avec eux.	Il se méfie des autres et a une attitude de rejet, de confrontation ou de soumission.
Il peut faire part de ses besoins et ses préférences.	Il exprime fréquemment des plaintes pour être écouté, aidé, rassuré.
Il aime bien qu'on lui laisse de l'autonomie.	Il aime être pris en charge, qu'on fasse pour lui.

Bien sûr, il est rare que ce soit aussi tranché ! Par exemple, même avec une bonne estime de soi, un enfant a besoin d'être rassuré. La différence, c'est que sa demande n'est pas quasi systématique. Ou bien il peut vouloir qu'on fasse pour lui, par paresse ou par fatigue, ou parce qu'il ne sait pas encore faire, mais pour le reste, il fait preuve d'autonomie.

Tout cela se développe dès l'enfance. Protéger est une chose, surprotéger en est une autre. Quand nous surprotégeons notre enfant (faire tout le temps à sa place, répondre pour lui, avoir peur pour lui...), nous contribuons à une mauvaise estime de lui et ne favorisons pas son développement. Au contraire, il intègre l'idée qu'il n'est pas capable de faire les choses lui-même.

Quelques exemples pour différencier les deux :

Je protège mon enfant	Je surprotège mon enfant
Je m'inquiète parfois de ce qu'il peut lui arriver et je garde un œil attentif tout en le laissant faire ses apprentissages.	Je m'angoisse de tout ce qu'il pourrait lui arriver et je le limite dans toutes ses initiatives.
Je lui demande de me prévenir s'il va à une soirée chez des amis.	Je refuse qu'il aille à une soirée chez des amis.

Je lui explique que je ne peux pas toujours lui donner tout ce qu'il demande.	Je lui donne souvent ce qu'il demande pour éviter une crise et pour qu'il soit heureux.
Je prends une baby-sitter pour s'occuper de lui quand je sors.	Je me prive de sortie pour ne pas avoir à le faire garder.
Dans un parc, je le laisse jouer et se débrouiller avec les autres enfants mais sans jamais le perdre de vue.	Dans un parc, je me mets tout à côté de lui pour le protéger des autres enfants.
Je ferme à clé les armoires où il y a des produits dangereux (médicaments, produits ménagers, etc.).	Je ferme à clé toutes les armoires et tous les tiroirs
S'il veut monter sur un toboggan, je le laisse faire tout en restant proche pour le rattraper s'il tombe.	Je lui montre qu'un toboggan est dangereux.
S'il s'est disputé à l'école avec un camarade, je l'écoute et lui demande ce qui s'est passé.	S'il s'est disputé à l'école avec un camarade, je le prends contre moi et lui dis de se méfier des autres qui sont méchants.
Quand il est tout petit, je laisse un membre de la famille le prendre dans ses bras ou lui donner son biberon.	Je m'inquiète si quelqu'un s'en occupe et donne de multiples et incessantes recommandations.
S'il a des difficultés à faire quelque chose, je le complimente sur les efforts qu'il a fournis.	S'il a des difficultés à faire quelque chose, je lui dis : « *Laisse-moi faire, tu ne vas pas y arriver* ».

Quand il est plus grand, je le laisse faire seul certaines activités : préparer son petit-déjeuner, se laver les dents, s'habiller seul, etc.	Même quand il est plus grand, je fais plein de choses pour « l'aider » : préparer son petit-déjeuner, mettre le dentifrice sur sa brosse à dents, l'aider à s'habiller, etc.
Je l'encourage, le félicite, l'incite à essayer ce qu'il n'a pas encore expérimenté, etc.	Je lui dis (très) souvent : « *Fais pas ci* », « *Fais attention* », « *Laisse-moi faire, c'est trop dangereux/difficile* », etc.

Un enfant tout jeune ne comprenant pas la notion de danger, il faut être vigilant et le protéger. Pour autant, il faut savoir apprécier le danger (sa potentialité, son degré, etc.) et le laisser, sous notre contrôle, expérimenter certaines choses afin qu'il puisse se développer. Cela lui permet d'identifier le danger et, à l'avenir, de savoir l'éviter.

En revanche, **si on interdit ou si on fait à sa place, on le maintient en dépendance**, on alimente sa crainte puisque tout est dangereux et, sous prétexte de le protéger, on l'étouffe. Cela peut d'ailleurs avoir l'effet inverse : à le placer constamment dans une bulle protectrice, l'enfant ignore où sont les véritables dangers ; il n'a pas appris à les hiérarchiser et, un jour, il peut réellement prendre des risques sans même s'en rendre compte.

La frontière entre la protection et la surprotection est une question d'équilibre qui détermine si, plus tard, il sera responsable de ses réussites en ayant forgé sa personnalité ou bien sera victime de ses échecs et en état de peur et de dépendance. **Faire de son mieux, c'est faire tout ce que nous pouvons pour accompagner notre enfant dans son développement sans lui transmettre nos propres peurs.** Quand nous lui avons appris à marcher, nous lui tenions les mains pour ses premiers pas malhabiles et, petit à petit, nous l'avons laissé seul, quitte à ce qu'il tombe plusieurs fois avant que ce soit acquis. Nous n'avons pas fait à sa place et n'avons donc pas marché « pour lui » ! Faire de son mieux, pour son enfant, c'est également travailler sur le troisième accord : ne pas supposer que son environnement est empli de « dangers » indéfinis et permanents.

DÉVELOPPER LA CONFIANCE EN SOI

Pour avoir une bonne estime de lui, l'enfant doit accomplir seul certaines expériences. Mais pour cela, il doit d'abord avoir fait des apprentissages et ceux-ci nécessitent d'avoir confiance en soi.

La confiance en soi, c'est ce que nous pensons de nos capacités, de ce que nous nous estimons capables de faire. C'est un jugement sur nous-mêmes, comme une autocritique, qui soit augmente, soit limite nos possibilités et liberté d'action selon qu'elle est établie ou déficitaire.
Elle revient à répondre « oui » à : est-ce que je me sens à la hauteur, est-ce que je peux y arriver ? Même avec des efforts à accomplir et des difficultés à surmonter, il y a un mouvement vers l'objectif visé avec une mobilisation des ressources.

À l'inverse, si la confiance en soi est mauvaise, toute remarque devient déstabilisante et on en fait de suite une affaire personnelle ; l'échec est redouté avant même d'entreprendre toute action, ce qui est une entrave sérieuse à des relations saines avec les autres ainsi que pour sa scolarité, qui se vit dans le stress.
Cependant, chaque enfant est unique, chaque histoire familiale également et au sein d'une même fratrie, les enfants sont différents et réagissent différemment. Il existe toutefois plusieurs « techniques » pour développer cette confiance en soi. En voici trois qui présentent l'avantage d'être simples à mettre en œuvre.

Donner de l'amour sans condition et ne pas comparer

Lorsque les parents ont joué un rôle positif dans l'enfance, l'estime de soi à l'âge adulte peut être plus forte. Ce n'est pas automatique, mais cela y contribue très fortement. Ce rôle positif se décline selon deux axes principaux.

L'acceptation

Tout d'abord, e**n acceptant son enfant tel qu'il est, avec ses qualités et ses défauts, avec ses réussites et ses erreurs**. C'est également accepter, lorsqu'il grandit, qu'il prenne un chemin différent de celui que l'on avait prévu pour lui, que ce soit dans son orientation professionnelle, dans ses goûts, dans ses orientations sexuelles, etc. On peut lui exprimer que l'on n'est pas d'accord avec l'un de ses choix, mais que cela n'enlève rien à l'amour qu'on lui porte et ce, quels que soient ses incartades, maladresses, extravagances ou résultats scolaires.
C'est donc **ne pas subordonner l'amour qu'on lui porte à la condition qu'il fasse ceci ou qu'il ne fasse pas cela**. Cela revient à avoir confiance en lui, en ses capacités à avancer, à décider et à trouver sa voie, et à l'accompagner dès lors

que cela ne contredit pas des règles légales, les valeurs qui sont les vôtres et que cela ne nuit à personne. Et tout cela passe par une écoute bienveillante telle que nous l'avons vue tout au long de cet ouvrage.

La non-comparaison

« *À ton âge, ton frère savait attacher ses chaussures tout seul* », « *Regarde ta sœur, elle est sérieuse et travaille bien* », « *Prends exemple sur ton copain, il ne réclame pas tout le temps !* », « *Dépêche-toi ! Ton cousin a déjà mangé tous ses haricots verts !* » Que de comparaisons faisons-nous avec nos enfants alors que nous détestons cela pour nous-mêmes ! Or, chaque personne, chaque enfant est différent et, en soi, est tout à fait unique.

La comparaison a un effet négatif : elle ne change pas grand-chose à une situation, voire rien du tout, car elle ne motive pas et, tout au contraire, rabaisse et dévalorise car dans la quasi-totalité des cas, **elle véhicule l'idée selon laquelle l'autre est mieux ou fait mieux que l'enfant**. Cela met automatiquement en cause l'amour sans condition qu'on lui porte.

Il est de loin préférable de se concentrer sur ses points forts pour le faire progresser plutôt que de mettre en lumière ses points faibles et

de l'inciter à ressembler à une autre personne que lui-même. C'est à ses propres résultats que votre enfant peut identifier son évolution, pas en les comparant aux résultats des autres. Il a ses spécificités, sa propre manière d'être et de faire, et son objectif n'est pas d'être une autre personne. **L'aimer sans condition, c'est respecter qui il est. C'est ainsi qu'il prendra confiance en lui.**

Féliciter les réussites, même les petites

Lorsque vous réussissez quelque chose, quoi que ce soit, vous êtes fier de vous, vous gagnez en confiance et vous ressentez de la joie.
Songez qu'il en est de même pour votre enfant ; aussi, **toutes les réussites, même les plus petites, sont à souligner positivement** :

- Entre lui et lui : apprenez-lui à prendre conscience de ses réussites, grandes et petites, et à s'en féliciter. Pour cela, il suffit qu'il se dise joyeusement et avec enthousiasme : « Bravo [son prénom ou son surnom] ! Je suis content de toi. Tu as fait de ton mieux et c'est super. Félicitations ! »
- Entre lui et vous : montrez-lui que vous êtes attentif à ses réussites, et ne parlez pas

seulement de ses notes à l'école. Proposez-lui un « instant félicitations », demandez-lui de vous raconter ses réussites et félicitez-le. Faites-le joyeusement et avec enthousiasme ! Encourager votre enfant lui permet de se concentrer sur sa réussite et de combler son besoin d'accomplissement.

LES CONSEILS EN +

Quand notre enfant a bien réalisé quelque chose, nous lui disons : « *Je suis fier de toi !* » C'est très bien mais… ça met plutôt l'accent sur notre fierté à nous, et non la sienne ! Dites plutôt à votre enfant : « *Tu peux être fier de toi* », car vous focalisez ainsi votre enfant sur sa propre réussite, sur les difficultés qu'il a surmontées et sur sa propre fierté. Par ailleurs, cela l'habitue à chercher une validation en lui-même, non à l'extérieur.

Questionnez-le également pour qu'il prenne davantage conscience de ce qu'il réussit. Par exemple : « *Comment as-tu fait pour réussir ? De quoi as-tu eu besoin ? Qu'est-ce que tu as mis en place ?* » Cela lui permet, au fur et à mesure, de déterminer son propre processus de réussite. Synthétisez tout cela simplement pour qu'il découvre qu'il dispose de ce processus qui lui est personnel et qui donne les résultats qu'il souhaite.

Tout cela participe à l'accroissement de l'estime de soi et de la confiance en soi. Et, au final, chacun fait de son mieux !

Valoriser et faire des compliments

Soyez attentif à ce que votre enfant réussit à l'école, mais aussi à ce qu'il réussit en dehors – tout comme votre vie est plus vaste que ce que vous accomplissez dans votre métier. Il a besoin d'être reconnu pour ce qu'il fait et pour ce qu'il est.
L'expression de cette reconnaissance passe, comme nous l'avons vu, par la célébration des réussites. Elle passe aussi par le compliment. Nous sommes hélas plus souvent focalisés sur « ce qui a raté » plutôt que sur les réussites, sauf quand celles-ci sont exceptionnelles. **Or, il n'y a pas de petites réussites, et toutes méritent d'être soulignées !**

Pour être perçu comme authentique, un compliment doit respecter quatre règles d'or :

1. **Il doit être concis** : l'impact est d'autant plus fort qu'il est centré sur l'essentiel. Complimentez sur une chose et une seule.

2. **Il doit être sincère** : complimentez à bon escient, sur un fait marquant et précis, pas tous les matins ni toujours sur la même réussite ! Et soyez profondément convaincu : ne complimentez pas juste « pour faire plaisir », sinon votre langage non-verbal trahira vos propos. S'il vous présente un dessin, regardez-le (le dessin !) avant de complimenter. Si vous vous exclamez : « Super ! C'est beau ! » sans le regarder vraiment, il pensera que vous ne vous y intéressez pas et que vous dites ça comme vous auriez dit toute autre chose.
3. **Il doit être enthousiaste** : vous soulignez quelque chose de positif. Alors soyez positif et heureux dans votre formulation !

À NOTER

Attention au « mais » qui annule ce qui vient d'être dit : « C'est très joli, mais tu as débordé » = « Ce n'est pas très joli ».

4. **Il doit être prouvé** : point capital pour éviter de tomber dans la flatterie, et pour marquer l'événement. Pour cela, donnez un exemple précis, daté et localisé : tel jour, telle chose, à tel endroit. Comme si vous décriviez un instantané photographique.

Cela donne : « *Ce que j'aime en toi, c'est* [nommez la qualité] *parce que* [événement : quoi, où et quand], *tu as* [décrivez le comportement]. *Cela prouve que tu* [rappelez la qualité]. *Vraiment, bravo !* » Utilisez vos mots à vous, mais respectez bien ce schéma des quatre règles d'or.
Un seul exemple suffit, mais un exemple au moins est absolument nécessaire. Précisons que, pour que votre compliment soit significatif, il faut qu'il soit :

- réactif : complimentez dans un court délai après l'action ou l'attitude à reconnaître (un délai maximum de 24 heures est correct) ;
- donné en privé : ne complimentez pas votre enfant en présence de ses frères et sœurs, sinon vous pouvez créer de la jalousie ou du ressentiment (eux aussi peuvent estimer qu'ils ont bien réussi quelque chose et que vous le passez sous silence).

Valoriser son enfant sur la base de faits concrets est porteur d'émotions positives et lui permet de prendre réellement conscience de ses qualités et de sa valeur.

Faire de son mieux se réalise petit à petit. C'est mettre en place de nouvelles habitudes de parole et de comportement qui, lentement, vont devenir une nouvelle façon d'être, que ce soit pour vous ou votre enfant. « C'est la pratique qui fait le maître », écrit Don Miguel Ruiz, et c'est ainsi que ces quatre accords vont prendre place dans votre vie et dans celle de votre enfant.

AIDEZ VOTRE ENFANT À FAIRE DE SON MIEUX

Aujourd'hui, votre enfant est bougon et doute de lui-même parce qu'il ne réussit pas quelque chose comme il le souhaiterait. Il a essayé plusieurs fois et ça ne va pas.

Il risque de voir ce qu'il fait (ou plutôt n'arrive pas à faire comme il veut) comme un échec, ce qui est évidemment frustrant et décourageant. **En fait, l'échec, ce serait d'en rester à une seule et première non-réussite, et de tout arrêter là** : non pas une absence de résultat, mais le refus d'affronter une difficulté.

Si votre enfant, malgré ses efforts, ne réussit pas, **ce n'est pas un échec ; c'est une non-réussite**. D'où l'importance de lui en parler de façon positive en lui faisant comprendre que c'est en se trompant et en faisant des erreurs que l'on apprend. Aucune personne ne sait faire quelque chose de parfait la première fois. **C'est en essayant et en recommençant qu'on arrive au résultat voulu.**

Enfants ou adultes, nous faisons tous des erreurs. Nous pouvons les traiter de quatre manières différentes :

- Faire comme si elles n'existaient pas : nous n'aurons pas le résultat attendu et éprouverons une émotion négative.
- En rejeter, sans véritable raison, la responsabilité ou la faute sur une situation extérieure ou sur une personne autre : cette victimisation facile permet de ne pas progresser.
- Nous en plaindre, y songer sans cesse et culpabiliser : cela esquinte fortement la confiance en soi.
- Retenir ce qu'elles nous ont appris et nous concentrer sur ce que nous pouvons en retirer : c'est ce qui permet d'avancer et de s'améliorer.

Mettez-y vos mots à vous afin que ce soit bien compréhensible pour votre enfant, au besoin en citant des exemples. En comprenant cela, votre enfant va davantage prendre conscience de ses forces et de ses qualités, ainsi que de ses difficultés. Vous lui permettez d'identifier ce sur

quoi il a buté. Très souvent, la culpabilité ou la colère contre soi disparaît quand nous réalisons que nous n'avons pas pu réaliser quelque chose à cause d'un empêchement sur lequel nous n'avons aucune prise. Si ça dépend de lui, alors que peut-il mettre en œuvre pour que ça « fonctionne » comme il le veut ?
En l'accompagnant ainsi, vous l'aidez à **faire appel à ses propres ressources pour réussir ce qu'il fait et s'adapter aux diverses situations qu'il rencontre.**

→ Comment l'aider à transformer positivement un échec ?

Si votre enfant s'acharne et ne réussit pas, abstenez-vous, même avec une bonne intention, de lui dire :

- « *Mais si, tu vas y arriver, ce n'est pas difficile* » : vous accentuez son sentiment d'échec et d'impuissance dans une équation très simple : « *c'est facile + je n'y arrive pas = je suis nul* ».
- « *Ce n'est pas grave, tu feras mieux la prochaine fois* » : vous niez les efforts qu'il a faits, la volonté qu'il a déployée et l'importance du résultat qu'il visait, tout en le renvoyant à un futur où il recommencera la même chose qui ne marche pas.

Questionnez-le plutôt :

1. Est-ce que tu sais pourquoi tu n'y es pas arrivé ?

2. Qu'est-ce qu'il t'aurait fallu de plus pour y parvenir ?

3. De quoi aurais-tu besoin pour que ce soit juste un peu mieux ?

- La première question est axée sur le « pourquoi » : elle vous permet de saisir où il a vu une difficulté et lui permet d'exprimer son émotion et de vous dire ce qui l'a empêché.
- La deuxième question cherche le « comment » : elle l'incite à réfléchir à une solution, tant dans ses ressources personnelles que dans une aide venant de l'extérieur, et donc à développer son intelligence et sa créativité. Vous pouvez moduler cette question ainsi : « *Imagine que tu aies réussi. Comment ça se serait passé ?* »
- La troisième question tend à rassurer en plaçant le problème à hauteur du réalisable et évite de mettre la barre trop haut. Vous pouvez ajouter : « *Est-ce que ce petit quelque chose te suffit ? Te convient ?* » Si sa réponse est « *oui* », il ne lui reste plus qu'à le mettre en œuvre. Si sa réponse est « *non* », reprenez avec les deux questions suivantes : « *Pour quelle raison veux-tu davantage ?* » et « *De quoi as-tu besoin pour que ce soit davantage ?* ».

Si vous sentez que votre enfant est bloqué, vous pouvez lui proposer votre aide, mais :

– attendez d'abord qu'il ait réfléchi par lui-même à des solutions ;
– ne faites pas à sa place, ne le rendez pas passif et attentiste : il faut qu'il s'engage une participation effective.

Là aussi, vous voyez que chacun fait de son mieux !

CONCLUSION

Nous venons de voir en détail chacun des quatre accords toltèques, ainsi que la manière de les mettre en application pour vous, pour votre enfant et entre vous et lui.

Vous l'avez compris : il ne s'agit pas d'écouter chacun de ses désirs ni de le survaloriser. Il s'agit plutôt d'écouter ses besoins, de l'aider à développer sa personnalité, de respecter ses rythmes et d'établir la plus belle harmonie possible entre lui, vous et votre famille.

La mise en application des accords toltèques ne doit pas être une contrainte. N'oubliez pas d'accorder une place au ludique et déterminez ensemble tous les avantages qu'ils offrent.

Au long de ces pages, vous aurez vu combien les émotions sont au cœur même de nos vies présentes pour chacun d'entre nous, à chaque instant. Celles de votre enfant peuvent parfois vous paraître difficilement compréhensibles : c'est que son mode d'expression est différent du vôtre et il n'est pas toujours armé pour y faire face. Ses comportements ne sont pas dirigés contre vous ; ils sont des réactions à quelque chose qu'il ne saisit pas ou qui le dépasse. C'est donc à vous qu'il s'adresse, en tant que parent à qui il accorde toute sa confiance pour le comprendre, l'aider, le soutenir et le guider dans son existence. Les accords toltèques sont une aide parmi d'autres et ouvrent des pistes très intéressantes. Pour autant, ne culpabilisez pas de ne pas toujours y parvenir ; faites de votre mieux, c'est déjà très bien !

Un dernier conseil ? C'est celui souvent repris tout au long de ce livre : offrez du temps à votre enfant, communiquez avec lui et soyez une présence véritable. C'est un lien d'amour, un cadeau rendu au centuple. C'est une bénédiction. Savourez-la !

Tous mes chaleureux remerciements à ma fille Astrid pour nos échanges, ses connaissances et compétences d'EJE (éducatrice de jeunes enfants) qui ont été un apport très précieux dans la rédaction de ces pages.

TABLE DES MATIÈRES

Cet ouvrage est composé de matériaux issus de forêts gérées durablement certifiées PEFC™.

Le Programme de reconnaissance des certifications forestières (PEFC™) est le plus grand organisme mondial indépendant de contrôle pour une gestion durable des forêts. Pour en savoir plus, consultez le site *www.pefc-france.org*

PEFC PEFC/14-38-00277

Achevé d'imprimer en c
par Novoprir
Dépôt légal : noveml
Imprimé en Espa